Çevirmenin Başucu Kitabı

Abdullah Erol

MODERN KITAP

Çevirmenin Başucu Kitabı

Yazan: Abdullah Erol

Kapak Tasarımı: Mesut Demirci

İlk Baskı: İstanbul, Nisan 2012

Sipariş için: yeminlitercuman@gmail.com

Web: www.modernkitap.com

İçindekiler Tablosu

Ya Sigara Ya Kitap!

Çeviri Rutini Önemlidir

Her işin ustasında olduğu gibi usta bir çevirmenin de iş yaparken kafasında iki şey vardır: geçmiş bilgi-deneyimi ve çalışma rutini.

Hepimiz daha eğlenceli ve daha yaratıcı çabalarımıza zaman ayırmak için gündelik işlerimizi daha kolay hale getirmenin ve bazı rutinler bulmanın yollarını ararız. Rutin belirlemek sıradan bir insanın olduğu kadar bir çevirmenin hayatında da önemli olmalıdır.

Rutin nedir? Rutin, aslında tekrarlı işlerin düzenli yapılmasıdır. Örneğin her gün dişinizi fırçalamanız, evinizdeki çiçeğe su vermeniz, bulaşık yıkamanız, biraz spor yapmanız gerekiyor. Bunları rutine bindirirseniz hem sizin için yapması daha kolay olur hem de bu yolla zihin terapisi yapmış olursunuz, zira rutin yapılan işler depresyonu önler! Sabah kalktıktan sonra sırayla önce 2 dakika diş fırçalar, ardından 5 dakikada bulaşıkları yıkar, sonra çiçeklerin altına bir iki bardak su döker, en sonunda da 5 dakika esneme hareketleri yapabilirsiniz.. Tüm bunlar en fazla 20 dakikanızı alır ama hem düzene girmenizi sağlar, hem de sizi dinlendirir.

Çeviride rutin nasıl belirlenir? Bir tercüme bürosundan veya bir müşteriden herhangi bir çeviri geldiğinde **ilk işim**, çevrilecek metnin başlığına ve ilk birkaç satırına bakıp konu hakkındaki bilgilerimi belleğimin önüne getirmek olur. **Sonra**, metnin sayfa düzenini yaparım. Punto büyüklüğünü ayarlarım (genelde tek punto büyüklüğü kullanmayı tercih ederim), paragrafları hizalarım (bu yazıda olduğu gibi), ilk başlığı (genelde) ortalarım, yazıtipini tektipleştiririm, fazladan konan boşlukları alırım (boşluk tuşuna 1 defa basılır, boşluk kullanılarak sayfa düzenlemesi yapılmaz), tablolara çekidüzen veririm vs..

Daha sonra -çeviriye başlamadan önce- bir Google ekranı açarım bilmediğim kelimeleri bulabilmek için. Google ile Word arasında *Alt+Tab* kullanarak geçiş yaparım sürekli. Yani bilgisayarda açık iki ekran olur. Biri Word ekranı, diğeri Google (Mozilla). Üç veya daha fazla ekranın açık olması dikkat dağıtır. Çok gerekmedikçe yapmam. Başka bir ekran açmak yerine ayrı bir sekme açmayı tercih ederim Google'ın yanında Yeminli Sözlük açarım mesela.. Sekmeler arasındaki geçişi de *Ctrl+Tab* ile yaparım. Büyük kolaylık sağlar bu rutin ve kısa yollar.

Son olarak da, yapılacak metne göz gezdirip çok tekrar eden ifadeler, kelimeler veya teknik terimleri bulup, bunları *Ctrl+H* kullanarak toplu çeviririm. Bu sayede bazen -özellikle uzun ve tekrarlı ifadelerin çok olduğu dosyalarda- birkaç dakika içinde üç beş sayfa çeviri anında yapılmış olur. Bir de yaptığım çeviride tutarlılık (consistency) ve yeknesaklık (uniformity) sağlanmış olur. Yani bir kelime için kullandığım karşılığı çevirinin genelinde de aynı şekilde kullanmış olurum. Özellikle teknik çevirilerde ve bol meslek jargonu kullanılan çevirilerde çok işe yarar bu yöntem. Size de tavsiyem, bu yöntemi en ince ayrıntılarına kadar öğrenmeniz.

Nasıl Word'de kısayollar varsa, çeviri yaparken de rutinler vardır ve bu rutinler çok zaman kazandırır. Böylece daha az önemli işlere daha az zaman ayırmış, daha önemli işler (yaratıcılık ve biten çevirinin kontrolü gibi) üzerinde daha çok durmuş olurum. Çeviri rutininiz olursa, hayatınız kesinlikle daha kolay olur.

> Nasıl Word'de kısayollar varsa, çeviri yaparken de rutinler vardır ve bu rutinler çevirmene çok zaman kazandırır. Çeviri rutininiz olursa, hayatınız kesinlikle daha kolay olur. Rutin belirlemek sıradan bir insanın olduğu kadar bir çevirmenin hayatında da önemli olmalıdır.

Çaylak Çevirmen Hangi Hataları Yapar?

1. İrtibat kurduğu kişilerin, müşterilerinin, tanıştıklarının kayıtlarını tutmaz.
2. Sadece işe ihtiyacı olduğu için aslında almaması gereken işleri alır.
3. Müşterisinin tam olarak ne yaptırmak istediğini anlamaya çalışmaz.
4. Sektörel bazı terminolojileri müşteriden sorarak öğrenmeye çekinir.
5. Ücretlerini düşük tutar, müşteri çekmek için düşük ücret stratejisini kullanır.
6. Sürekli olarak ücretlerin düşüklüğünden, bazı bürolardan, şirketlerden veya yayınevlerinden parasını alamadığından bahseder durur.
7. Bozuk plak gibi sektörel örgütlenmenin öneminden bahseder ama kendisi üç beş çevirmenle işbirliği yapmak ve sektörel derneklerin programlarına katılmak için çaba harcamaz.
8. Çokça gramer hatası yapar, kelimeler için karşılık seçmekte dikkatsiz davranır.
9. Word, Excel, Power Point dışında Publisher, QuarkXpress, Adobe InDesign, Illustrator, SDL Trados gibi programları öğrenmek için istifini hiç bozmaz.
10. Çeviri yaptığı alanlarda jargon ve terminoloji bilgisini pekiştirmek için çalışmaz.
11. Nasıl para kazanacağı, vergisini nasıl vereceği ve parasını nasıl değerlendireceği konularında kafa yormaz.
12. Hızlı ve kaliteli bir bilgisayara yatırım yapmaz, bilgisayarda hız kazanmayı düşünmez.
13. Sığ pazarlama çabaları dışında uzun-vadeli ve etkili pazarlama çalışması yapmaz.
14. "Biz yeni mezunlarla çalışmıyoruz" diyen tercüme bürolarına, yayınevlerine hemen inanır. Mesajı alamaz.
15. Kendini geliştirmek için aynı dil çiftlerinde çalışan çevirmenlerle bir araya gelip beyin fırtınası yapmayı aklından geçirmez.

16. Sektörde deneyimli bir çevirmeni bir akşam yemeğe çıkarıp onun geçmiş deneyimlerini dinleme fikri aklına gelmez.
17. CV'sini baştan savma hazırlar; deneyimlerinin ve çalıştığı proje ve firmaların listesini çıkarıp karşı tarafı büyülemeyi pek düşünmez.
18. Her gün Facebook'ta saatler geçirir ancak CV'si için harcadığı yarım saati fazla görür.
19. Daha deneyimli ve dolayısıyla yaşlı kişilerin bilmedikleri ve kendisiyle kesinlikle rekabet edemeyecekleri yeni yazılımlara o da ilgi göstermez.
20. Değişik zamanlarda sınavlara, kurslara katılmaz; kendini yenilemez.
21. Örneğin bir hastanede, bir hukuk bürosunda, bir ajansta gönüllü çalışarak tıp, hukuk ve piyasa bilgisini bir nebze olsun artırmaz.
22. Çeviri bürolarına iş dışında da uğrayıp bir bardak çaylarını içmek zor gelir ona.
23. Müşterilerini mutlu etmeyi bilmez, memnun müşterinin aslında onun için sürekli bir iş potansiyeli olduğunun farkında değildir.
24. Müşterilerindeki iletişim bilgilerini güncellemez.
25. Dinlemeyi değil durmadan yakınmayı erdem olarak görür.
26. İşlerini zamanında ve kontrol ettikten sonra teslim etmek ona imkânsız gibi gelir.
27. Çeviri bloglarını takip etmez, okumaz, bu bloglar için yazı yazarak deneyimlerini paylaşmayı aklının köşesinden geçirmez.
28. Bilmediklerinin ve hatalarının aslında bu yazıya sığmayacak kadar çok olduğunun farkında olmaz; kendini bilir zanneder.

Çevirmenin Kanserle İmtihanı

On sene kadar öncesiydi sanıyorum. Bir tanıdık vasıtasıyla bir kişi geldi kapıma. İçeri aldım. Elinde bir kısım tıbbi tetkikler, MR ve ultrason görüntüleri falan vardı. İçeri girdi, karşılıklı oturup merhabalaştıktan sonra söze başladı: **"Kolon kanseriyim; üç ay kadar ömrüm kaldı!"** Daha önce telefonda oğlu bana hastalığından ve ileri derecede kanser olduğundan bahsettiği için, durumu bende soğuk duş etkisi yapmadı, ama ne yalan söyleyeyim hastane ortamında çalışmadığımız ve her gün yürüyen ölüler görmediğimiz için hafiften sarsıldım. **Damdan düşenin halinden ne anlar Eren Derdiyok** misali, bu ufacık sarsıntı dışında adamın durumu bendeki gafletkeşlikten pek bir şey alıp götürdü diyemem.

Hepimiz artık daha sık karşılaşır olduk kanserzedelerle. Bu adamcağız da onlarca doktor dolaşmış, kendisine gün biçilmiş ve sonunda bir çevirmenin (aynı zamanda yeminli tercüman olan bir çevirmen!) kapısını çalmıştı.. Parası pulu da yerindeydi sanıyorum, ki ensesi kalın, midesi tok duruyordu. Zaten telefonda konuştuğum oğlu da biraz daha para yapsa Sabancı'ya komşu olacak kadar paralıydı.

Çeviride ilk yıllarım olduğu için kanser hastası bir muzdarip benden ne medet umar pek düşünmemiştim. **Lay-lay-lom** şeklinde geçiyordu günlerim çünkü.. Çeviri yapıp şıkır şıkır para kazanıyordum. Hatta o yıllarda, bana para ödemekten yorulduklarında hesabımı çek keserek kapattıkları bile oluyordu şu an sektörde tanınmış bazı tercüme bürolarının!

Adam benden onun hayatını kurtarabilecek cinsten bilgiler istiyordu ama adamın durumuna bakıp, "keşke hasta olduğu yıllar boyunca doktor doktor dolaşacağına bir kez de bir çevirmene" diye geçirdim içimden.. Adamın umudu tükenmişti, zamanı giderek azalıyordu. Belki adama onu kurtarabilecek bir yöntem, bilgi, doktor, enstitü, deney laboratuvarı, üniversite, hastane falan önerebilsem, beni de o genç yaşımda zengin edecekti! Kim bilir? Hayalle yaşamıyor muyuz hepimiz?

Oturdu yanıma internete girdik. İnternetten her şeye ulaşabileceğimizi öğrenmişti. Doktorlar ona internetten yeni yöntemler, yeni araştırmalar, en iyi doktorlar ve belki de hastalığını iyileştirebilecek bir yer bulabileceğini söylemişlerdi. Ama doktorlar da bilmiyordu o meçhul kurtarıcı ya da yöntemin nerede olduğunu.. Dolayısıyla dünyanın onbinlerce köşesinde yapılan birbirinden farklı ve çeşitli yüzbinlerce araştırmanın içine dalmak tercümanın işiydi. Bizim doktorlar hafta içi hastanede rutin işlerini yapar, hafta sonu villalarının havuzunda yüzerlerdi.. Bazıları da ilaç şirketlerinin sağladığı uçak biletleriyle yurt dışında tatil yaparlardı. Dolayısıyla yabancı doktorlar olabilirdi onun gibilerin yaralarına derman. Burada kesinlikle yerden yere vurmadığım gerçekten yerli, çalışkan ve dürüst doktorlarımıza ayrıca selam olsun. Onları seviyoruz!

Birkaç hafta boyunca adam her gün geldi bana. Saatlerce bilgisayar başında oturduk; o site senin, bu site kanser doktorlarının dolaştık.. Birçok yeni araştırma ve umut verici gelişme ve yöntemle karşılaştık. Bu süre içinde binlerce kolon kanserlinin yorumlarını, beklentilerini, arayıp bulduklarını, kendilerine iyi gelen tedavi ve yöntemleri inceledik. Bazen gece gündüz onun için çeviri yaptım; bazen de yanıma oturttum adamcağızı ve **sight-translation** yaptım internetten! Yani, gördüğüm yazılı materyali çevirdim adama. O epey bilgiliydi kanser konusunda. Ben de yeni yeni öğreniyordum bir şeyler. Çevirdiğim cümleleri duyduğunda kafasında onu kurtarabilecek olup olmadıklarına veya kurtarabilecek bir çıkışa götürüp götüremeyeceklerine karar veriyordu.

Böylece son demlerini yaşayan bir kanser hastasıyla birkaç hafta geçirdim. Duygularını hissettirmemeye, kendini yıkmamaya çalıştığı için de aslında onda kanserli birinin ruh halini gördüm diyemem. Sanki başka biri kanser hastasıydı da, onun için araştırma yapıyorduk!

Benden aldığı bilgilerle yurtdışında bazı doktor ve hastanelere sonradan uğradı mı bilmiyorum ama çocuğundan 3 ay kadar sonra ölüm haberini aldım. Yine yıkılmadım ama o zaman bir şeyi keşfettim: kanser yayılıyordu ve **kanseri yok etmek tek başına doktorların yapabileceği bir iş değil**di! Aynen terörün sadece askeri yöntemlerle bitirilemeyeceği gibi, bu habis terörist hücreler de **ortak akıl**la yok edilebilirdi. Ve çevirmenin bilgisi, ortak akla çok katkı sağlayabilirdi!

Sonraları başka kanser hastaları da gördüm, duydum ve keşke ciddi bir **kanser araştırma merkezi**miz olsa ve **binlerce çevirmen** bu merkez için gönüllü çeviriler yapsa ve bu sayede kanser hastalarının umutlarını bir nebze artırsa diye geçirdim içimden hep. Bir çevirmen kanser olup, bir çevirmen arkadaşımızı kanserden kaybetmeden önce bu imtihana bizden önce girenlere yardımcı olalım ve onlardan dersler çıkaralım. Kanser akarken arkasından bakmayalım artık. Şu an dünyanın farklı kentlerinde binlerce laboratuvarda yüzbinlerce araştırma yapılıyor ve bunların tamamını doktorlarımızın yoğun iş programlarının arasında ve kıt lisan bilgileriyle her gün takip etmelerine imkan yok.. Buradan şunu ilan etmek isterim: tıp çevrelerinde dünyadaki kanser gelişmelerini organize bir şekilde takip eden kişi ve kurumlar varsa, onların belirledikleri araştırma yazılarını çevirmenler ücretsiz olarak çevirebilir. Bu konuda sitemiz üzerine düşen görevi yapacak ve bu neviden gönüllü çevirmenlik taleplerini onbinlerce çevirmene duyuracaktır.

Tercüme Bürosunda Çeviri Yapmak

Kullandığımız bazı kelimeler ister istemez eskiyor ve gündelik hayatın normal gidişatı içinde yerlerini yeni ve günün ihtiyacını daha iyi karşılayan kelimeler alıyor. Ancak zannediyorum bizde bu türden geçişler biraz da siyasi etkilerin sonucu olageldi.

Türk Dil Kurultayından sonra, hazırlanmış mükemmel bir çalışma programı olduğu halde, Türk Dili Kurumunda bu işleri yürütecek bir bilim kadrosu bulunmadığı için çalışmalar ve başlatılan "dil seferberliği" yurdun her köşesindeki gönüllü aydınlarca yürütülüyordu. Tarama yolu ile elde edilen dil malzemesi, 1934 yılında 2 cilt halinde **Osmanlıca'dan Türkçe'ye Söz Karşılıkları Tarama Dergisi** *adıyla yayımlanmıştır. Ancak, bu yolun doğurduğu aksaklığın dil gerçeğine ters düşerek, dili bir çıkmaza doğru sürüklediğini gören ve Arapça-Farsça kelime ve terimlerin terkedilmesindeki aşırılıkların yarattığı tahribatı fark eden Atatürk, tavsiyecilik yönündeki denemelerin önünü kesmiş, bu yoldaki görüşünü Falih Rıfkı Atay'a, "**Türkçe'nin hiçbir yabancı kelimeye ihtiyacı olmadığını söyleyenlerin iddiasını tecrübe ettik. Dili bir çıkmaza sokmuşuzdur. Maksatlarımızı anlatamaz olmuşuzdur. Bırakırlar mı dili bu çıkmazda? Hayır! Biz daha önce kurtarmaya bakalım.**" sözleri ile açıklamıştır. Atatürk dilde yapılan yenileşme çalışmaları konusundaki görüşlerini de Komisyon Başkanı Falih Rıfkı'ya şu sözlerle açıklamıştır: "**Memleketimizin en büyük bilginlerini, yazarlarını bir komisyon halinde aylarca çalıştırdık. Elde edilen netice şu bir küçük lûgatten ibaret. Bu tarama dergileri cep klavuzları ile bu dil işi yürümez Falih Bey; biz Osmanlıcadan ve Batı dillerinden istifadeye mecburuz.**"*

Tercüme ve **çeviri** kelimeleri arasındaki geçiş ve yer-değiştirme, aslında yumuşak ve akıllıca geçişlerden biri olarak görülebilir. Zira geldiğimiz noktada, Arapça **terceme**

kelimesinden dilimize geçen **tercüme** kelimesi bir **anakronizma** potasının içine düşmüş ve şaşaalı günlerini kaybetmiş görünmektedir. Kişisel olarak **tercüme bürosu** veya **tercüme sektörü** gibi ifadeler kullanırken **tercüme** kelimesini, yapılan işi anlatırken **çeviri** kelimesini kullanmayı tercih ediyorum. **Çeviri bürosu** veya **çeviri sektörü** demek bana henüz oturmamış gibi geliyor. Aynı şekilde, **"Ne yapıyorsun?"** sorusunu **"Tercüme yapıyorum."** diye cevaplamak da tuhaf geliyor bana. Başlığı da zaten sırf bu yüzden yukarıdaki gibi belirledim: **Tercüme Bürosunda Çeviri Yapmak!**

Akademide bir bölüm adı olarak **Mütercim Tercümanlık** adı çok janjanlı -ve garip bir şekilde çok çekici- duruyor olsa da, sokakta kimse **"Mütercimim."** demiyor sanırım. Sektörde genel kabul gören kelime **tercüman**, bazen de **çevirmen**. **"Tercümanlık yapıyorum."** dediğim zaman keyif bile aldığım söylenebilir. Kimseye, **"Çevirmenlik yapıyorum."** demem genelde ancak desem de pek büyük bir tatmin duygusu yaratmaz bende. **Yazılı çeviri** yapanları ifade etmek için kullanılan **mütercim** kelimesi bölüm adı olmak dışında dilden düşmüş sayılabilir. Tıpkı **Çeviribilim** kelimesinin -yaptığım işin sanat olduğuna inansam da- **çevirinin bilgisayarlı geleceği**ne yön vermek bakımından uygun bir terim olduğunu düşündüğüm gibi, **mütercim** kelimesinin de bölüm adı olarak kalmasında bir sakınca görmüyorum.

İngilizce'de **tercüman** için **interpreter**, **mütercim** için ise **translator** kullanılıyor. Ben her ikisi için de **çevirmen** yerine **tercüman** kelimesini kullanmayı seviyorum. Yaptığımız işin soyut, elle tutulmaz ve çoğu zaman bir mesleki tatmin duygusu yaratmayan yanı düşünüldüğünde, sokakta **"Tercümanım."** demek beni daha tatmin ediyor; öyle dediğimde kendi adıma daha çok mesleki tatmin duygusu yaşıyorum. **"Çevirmenim."** demek biraz hafif kalıyor yaptığımız işi anlatmak için. Yine de sektör içinden kişilerle konuşurken kullanılan **"Kitap**

çevirmeniyim." cümlesi bana çok masum, kulağıma da hayli şirin gelmiştir. **"Kitap mütercimiyim."** demek ciddi şekilde **anakronistik** bir durum olurdu.

Buradan hareketle, bazen basında karşılaştığım **"Çeviri Günleri"** gibi ifadeler hoşluk yaratıyor bende. Sanki **çeviri** işi amatör ve hobi-amaçlı bir uğraşmış gibi bir izlenim uyandırıyor içimde. Ancak **tercüme** dendiğinde bir anda işin içine yemin, resmi evrak, devlet, maliye, para vs. giriyor gibi. Belki bu yüzden, **DVD çevirisi** veya **altyazı çevirisi** gibi ifadelerde, kulağa hoş gelen **çeviri** kelimesini görmek ruhumu okşuyor diyebilirim.

Yapılan işin altına imzanızın atılacağı, yemin kaşenizin basılacağı zaman devreye giriyor **tercüme** kelimesi daha çok. **Yeminli Tercüman** dendiğinde avukat, doktor, mühendis ifadelerini duyduğum kadar seviniyorum, çünkü mesleğe bir resmiyet ve itibar kazandırdığını görüyorum. Bazen müşterilerin ısrarla ve tekrar tekrar **"Yeminli misiniz?"** diye soruşlarındaki heyecanda hissediyorum o mesleki saygınlığı. Aksi halde, sadece **çevirmen** olarak kalırsak, zannediyorum bizi pek ka'ale alan olmayacak. **Andlı çevirmen, yeminli çevirmen** ifadeleri nasıl duruyor peki? Iıh!

Türkiye Konferans Tercümanları Derneği adını çok oturaklı bulmuşumdur. Bunun yerine, **Türkiye Konferans Çevirmenleri Derneği** denseydi, hem **mütercim-tercüman** kelimelerinin anlamları bakımından hem de **tercüman** kelimesinin ağırlığı bakımından yetersiz kalırdı.

Konferans tercümanlığı yapanların kendilerine **konferans çevirmeni** denmesini hoş karşılayacaklarını da sanmam. Aynı şekilde bence **Kitap Çevirmenleri Meslek Birliği** adı da cuk diye yerine oturuyor ve gayet olumlu, resmi ve mesleki bir hava estiriyor. **Kitap Mütercimleri Meslek Birliği** denseydi, çok uygunsuz ve zaman-dışı olurdu. **Çeviri Derneği** ve **Çeviri İşletmeleri Derneği** gibi dernek adları da kulağa hoş gelmekle birlikte ihtiyaç duyulan resmiyet duygusunu yansıttıklarını düşünmüyorum. Sırf işin resmiyet ve ciddiyet tarafına vurgu yapmak ve mesleğimizin daha çok ka'ale alınmasını sağlamak için **Yeminli Tercümanlar Birliği** kurma fikrimi yakın bir gelecekte hayata geçirmeyi planlıyorum.

Bana öyle geliyor ki, Batı cenahta ciddi bir teknik ve bilimsel birikimi olan bir **Batı Dünyası**, Doğu cenahta da mistik ve felsefi geçmişi ağırlıklı olan bir **Doğu Dünyası** olduğu sürece dilimizdeki gidiş gelişler tıpkı **Dolar** ve **Avro** kurlarındaki oynamalar gibi hep devam edecek. Geçen senelerden birinde Alanya kalesinde bulunan tarihi eserlerle ilgili bir bilimsel makale çevirisi yaptığımı anımsıyorum. Yazının başlığını ve içeriğini çok hatırlamasam da, yazıda Alanya kalesi civarında 1500'lü yıllardan kalma İtalyan sikkelerinin bolca bulunduğunun ve bunun da o dönemlerde bugünün **Dolar** ve **Avro** para birimleri yerine İtalyan parasının revaçta olduğunu (bizim de bir miktar yabancı hayranı olduğumuzu) gösterdiğinin anlatıldığını iyi hatırlıyorum. İster hayran ister düşman olalım, tıpkı gündelik hayatımıza sosyal çevremizin etkisi gibi, lisan dünyamıza da başka milletler belli tarihlerde ister istemez girip çıkmıştır. Çok yazan-çizen bir millet olmadığımız herkesin malumuyken, kelimelere takılıp kalmamız ve bazı kelimelerde diretmemiz bana çok siyasi geliyor. Siyasileşmiş hiçbir şeyden hiçbir zaman tat almadığım gibi, dil sorunlarımızın da dil bilgileri kısıtlı siyasiler (bazen de toplum mühendisleri) tarafından değil, ancak **Tolstoy** gibi yazar ve romancılar, **Shakespeare** gibi kelime mucitleri ve dil cambazları yetiştirdiğimiz zaman çözülebileceğini, hele hele hiç yazmayan, kalemi eline almayan **tercüman-çevirmen** tayfasıyla sorunlarımızın hiçbir zaman çözüme kavuşmayacağını düşünüyorum.

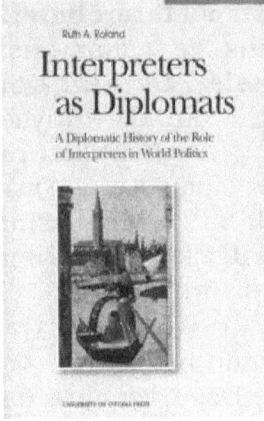

Ruth A. Roland

Interpreters
as Diplomats

A Diplomatic History of the Role
of Interpreters in World Politics

Sonuç: İster **tercüme** diyelim ister **çeviri** sözcüğünü kullanalım, yaptığımız işi layıkıyla yaptığımız sürece mesleğimize ve ismimize bir halel gelmeyecek, bu meslek de ama eski ama yeni kelimelerle hayatiyetini bugün muhtaç olduğu ama hak ettiği saygınlıkla sürdürecektir.

ID	Name	Status ▼	Priority
7	3. Translate the website content	Created	Normal
8	4. Write new articles	Completed	Normal
9	5. Deliver the translated files to the customer	Completed	Normal
10	6. Collaborating online and resolving potential issues	In Progress	Normal
4	7. Creating an invoice for the PO	In Progress	Normal
5	8. Tracking the invoice	In Progress	Normal
6	9. Confirming the payment reception	In Progress	Normal
12	1. Getting the customer requirements	In Progress	Normal
13	2. Creating purchase order	Draft	Normal
14	3. Translate the website content	Completed	Normal
15	4. Write new articles	In Progress	Normal
16	5. Deliver the translated files to the customer	Draft	Normal
17	6. Collaborating online and resolving potential issues	Draft	Normal
18	7. Creating an invoice for the PO	Draft	Normal
19	8. Tracking the invoice	Draft	Normal
20	9. Confirming the payment reception	In Progress	Normal
21	10. Build the project report	In Progress	Normal

Klavye Becerileri

Madem bilgisayar ve klavye yazılı çeviri yapanların eli kolu olmuş durumda, o halde biraz gayret edip hem bilgisayar hem de klavye bilgimizi geliştirmemiz gerekiyor. İşte size birkaç tavsiye:

1- Oturma biçiminiz düzgün, oturduğunuz koltuk rahat olmalı.

2- Parmak düzenini kullanın. İki parmak yerine on parmakla yazmak size müthiş zaman kazandıracaktır!

3- Tuş yerleşimini / harflerin yerini ezberleyin! Bunun için aşağıdaki basit oyunu kullanabilirsiniz. Her gün 3-5 dakikanızı ayırarak tuşların yerlerini daha çabuk ezberleyebilir, hızınıza hız katabilirsiniz.

4- Maksimum sayıda kısayol kullanın. Kısayolların listesini Word programının Yardım dosyasından alıp yazdırabilir ve sık kullandıklarınızı tekrarlayarak ezberleyebilirsiniz.

5- Practice makes perfect.. Sürekli egzersiz ustalığı artırır.

Klavye becerinizi geliştirmek için dört dörtlük bir oyun denemek isterseniz, **Typing Maniac** tam size göre. Bu oyunu birkaç hafta bile oynasanız klavye hızınızda şaşırtıcı bir iyileşme olduğuna tanık olabilirsiniz..

+ *	! 1	" 2 ²	^ 3 #	$ 4 ¼	% 5 ½	& 6 ¾	' 7 {	(8 [	) 9]	= 0 }	? / \	― - |	← Backspace
Tab	F @	G	Ğ	I	O	D	R	N	H	P £	Q ~	W ~	X `
Caps Lock	U	İ	E	A	Ü	T	K	M	L	Y	Ş	Enter	
Shift	J	Ö	V	C	Ç	Z	S µ	B	: .	; ,	Shift		
Ctrl	Win	Alt						Alt Gr	Win	Menü	Ctrl		

Çoğul Anlam Taşıyan İsim-Fiillere Dikkat

Fiilimsiler cümle içindeki işlevlerine göre üçe ayrılıyor: **isim-fiil, sıfat-fiil** ve **zarf-fiil**. Özellikle çeviriye yeni başlayanlar fiilimsileri anlamlandırma konusunda sıkıntı yaşayabiliyorlar. Ben bu kısacık yazıda bazı isim-fiillerin **çoğul** anlama gelecek şekilde de kullanılabildiğini birkaç örnekle izah etmeye çalışacağım.

Aşağıdaki örneklerde de görüleceği üzere, fiilimsileri Türkçe'ye çevirirken bazen isim-fiil eki -me/-ma, bazen de çoğul eki -ler/-lar kullanabiliyoruz.. Yani, bazı durumlarda fiilimsilerin (burada *isim-fiillerin*) fiil özelliklerini kaybedip **çoğul isim** olduklarını görebiliyoruz.

pricing / fiyatlama, fiyatlar

- We have decided to update our **pricing** policy, and wanted to give you more information about how we will work from now on and why.
- These policies, packages and our **pricing** are subject to change without notice.

modelling / modelleme, modeller

- Our modelling approach is a combination of event-based and level-based **modelling**.
- Another example, used in our **modelling**, is a signaller.

writing / yazma, yazılar

- **Writing** is a socially acceptable form of schizophrenia.
- I've always liked Hemingway's **writing**.

imaging / görüntüleme, görüntüler

- Ultrasound **imaging** is based on the same principles involved in the sonar used by bats, ships and fishermen.
- The MR **imaging** were analyzed by two different radiologists independently.

labelling / etiketleme, etiketler

- **Labelling** is a critical element in the export process.
- The **labelling** are different for heaters and thermocouples.

furnishing / döşeme, döşemeler

- Interior **furnishing** is one of the most complex segments of the industry.
- The **furnishing** are very tasteful and the room is very spacious.

funding / fonlama, fonlar

- For us, **funding** is a primary responsibility of governments.
- The **funding** are available for private entrepreneurs and non-profit organizations.

Google Translator Toolkit: Artıları ve Eksileri

Haberi henüz olmayanlar için tekrar hatırlatalım.. Google, çevirmenlerin ve çeviri sektörünün geleceğini kökünden değiştirebilecek **Google Translator Toolkit** adında bir arayüz (API) geliştirdi.. Milyonlarca çevirmen artık çevirilerini aynı **workbench** üzerinde yapacak ve katrilyonlarca çeviri birimi yaratılacak! Bu arayüz **crowdsourcing** olarak adlandırılabilecek sistemin en kapsamlı örneği yanılmıyorsam. **Devrim** niteliğindeki bu arayüz, akıllıca kullanabilen tercümanlar için çok büyük katma değer yaratabilecek nitelikte yenilikler getiriyor ve bu yeniliklere sürekli ilaveler yapılıyor! **SDL Trados** ile tanışanlar bu aracı çok hızlı çözecektir ancak bu yazıda bilmeyenler için bu aracı kısaca anlatıp, artılarına ve eksilerine kısaca değineceğiz.

Aracın tercümanları ilgilendiren en önemli özelliği, **TMX** ortamında çeviri belleği yükleyip bu belleği yapacağınız (veya mevcut) çevirilerle geliştirebilmenize olanak sağlaması. Çeviri belleği yüklemek için sol tarafta bulunan **Translation Memories** bölümüne gidip **Add** butonuna basmanız gerekiyor. Bilgisayarınızda varolan bir TMX dosyayı yükleyebiliyorsunuz. **TMX** dosya nedir bilmiyorsanız, http://jump.fm/NYJTM adresinden göz atabilirsiniz. Bu dosyayı **Notepad (Not Defteri)** ile açıp düzenleyip kaydedebilir ve **Google Translator Kit**'e yükleyebilirsiniz deneme olması bakımından. Bu belleği yükledikten sonra sadece buradaki bir cümlenin olduğu bir Word dosyasını arayüze yükleyin çevrilmek üzere.. Bu Word dosyasının daha önce yüklediğiniz TMX çeviri belleğine göre otomatik olarak çevrildiğini göreceksiniz..

Bu çeviri belleğinde (TMX dosyası) 3 örnek cümle var İngilizce ve Türkçe çevirisiyle. Bu üç cümleden birini bir daha çevirmeniz gerektiğinde bellekteki çevirisi otomatik olarak karşınıza gelir. Yani bu sistemde, başta Google olmak üzere elinde hacimli çeviri belleği olanlar gücü elinde tutacak.. Örneğin 3 cümle yerine 30.000 çevrilmiş cümleniz olduğunda artık çeviri işleriniz daha otomatikleşmiş olacak. İsterseniz bu bellekleri istediğiniz kişilerle paylaşabilirsiniz. Bu da sistemin çok önemli bir özelliği.. Yani **ekip halinde çeviri** (teamsourcing) yapabiliyorsunuz! Aynı dosya üzerinde birçok tercüman ekip halinde çalışabilecek. Çeviri belleklerinizi paylaşıp paylaşmamak –her çeviri belleği yüklediğinizde- sizin vereceğiniz bir karar. Başkalarının herkesin erişimine açtığı çevirilerden de yararlanabiliyorsunuz bu arada.

Upload özelliği ile istediğiniz dosyayı **Toolkit**'e yükleyip, yüklediğiniz dosyayı ister makine çevirisiyle (Google Translate) ister kendi belleğiniz ile çevirebiliyorsunuz. Belleğinizi daha sonra **Download** edip düzenleme şansınız da var tabi.

Başka bir özellik de web sitelerini çevirebilme özelliği. Bu özellik de web sitesi çevirisi isteyenlerin ihtiyaçlarını karşılama konusunda size kesinlikle çok kolaylık sağlayacak. Herhangi bir web sitesinin çevirisini yapıp kaydedebilmenizin yanında **Wikipedia** ve **Knol** gibi sitelerin istediğiniz sayfasını çevirip yayınlayabiliyorsunuz. Örneğin Wikipedia'daki İngilizce bir maddeyi Türkçe'ye çevirip yayınlayabilirsiniz. Bu özelliklerin Wikipedia'yı şimdiki halinin yüzlerce katı büyüteceğine hiç şüphe yok.

Tabi ekip halinde çalışıyorsanız, çevirmenlerin ortak kullanımına sunulacak bir sözlüğü de bu arayüze yükleyip çeviri dilinin uyumlu olmasını sağlayabiliyorsunuz. Yani birlikte çeviri yaptığınız çevirmenlerin aynı sözlükten yararlanarak çeviri yapmasını sağlayabilirsiniz.

Şurası kesin ki bu aracın çevirmenler için avantajı sayısız olacak ancak dezavantajı da çok fazla olacak. Bir kere Türkiye'deki çevirmen sayısı artık onbinlerle değil binlerle ifade edilebilecek ve sıradan bir kişi bile hazır bellekleri kullanarak elindeki çevirileri yapabilecek! Bu yazılı çevirmenler için dezavantajı.. Sözlü yapanlar için dezavantajı da ileride ortaya çıkacak ve Google elindeki çeviri belleklerini de kullanarak tüm dillerde karşılıklı çeviriyi çok rahatlıkla yapabilecek.. Kaçınılmaz bir gelişme bu.. Burada ve farklı ortamlarda bu gelişmenin yararlarını zararlarını tartışacağız ama 2-3 sene sonra Google'ın çok yol aldığını görüp geride kalmış olmamızdan da çekiniyorum.. Google oyun oynamıyor! Milyonlarca akademisyenin, çevirmenin, yazarın yüzlerce yıldır tartıştığı çeviri ve çeviribilim alanını bir anda bambaşka bir yöne çevirmeyi başardı. Aslında bilenler ve görenler bu gelişmelerin işaret fişeklerinin çoktan beri yandığını biliyordu.. Neyse, çok söz yanlışsız olmaz..

Burada anlattığım rotayı izleyerek bir iki deneme yaparsanız bu arayüzü büyük oranda çözersiniz.. **Gerisi size kalmış!**

Local file   Web page   Wikipedia™ article   Knol

Enter the URL of a Wikipedia™ article:

http://en.wikipedia.org/wiki/TechCrunch

What do you want to call it?

TechCrunch

Translate From:

English ▼

Translate To:

Finnish   ▼

⊞ Sharing

Upload for translation

Karlofça Antlaşması Tercümanı:

Aleksandro Mavrokordato

Osmanlı Devlet yapısı içinde ilk *Baş Tercüman* ünvanını Köprülü Ahmet Paşa tarafından 1661 yılında tayin edilen **Panayotis Nicosias** adında bir Rum alıyor. Ondan sonra ise bu ünvanı Osmanlı Devletinin çok bilinen bir dragoman (tercüman) hanedanının ilk temsilcisi (İskerlet oğlu) **Aleksandro Mavrokordato** (Yunanca: Αλέξανδρος Μαυροκορδάτος, Aleksandros Mavrokordatos, Romence: Alexandru Mavrocordat, Türkçe: Aleksandro Mavrokordato, 1636-1709) alıyor. Felsefe ve tıp doktoru olan Aleksandro 1673 yılında Sultan'ın tercümanı oluyor ve Avusturya ile yapılan müzakerelerde önemli roller üstleniyor. Ünlü Karlofça Antlaşmasının (1699) metnini hazırlayan da kendisidir. Çeşitli nişan ve ünvanlara layık görülüyor. Hüseyin Köprülü ve Rami Paşa ile birlikte Sultan II. Mustafa nezdinde kabul gören bir kişilik oluyor ve Türkiye'deki hristiyanların durumlarının düzeltilmesi için çok çaba sarfediyor. Oğlu Nicholas Mavrocordato da 1697 yılında Divan'da Baş Tercüman oluyor ve 1708 yılında Moldovya (Boğdan) Prensi yapılıyor.

Nikolas Mavrokordatos

Onun soyundan gelen bir başka **Alexander Mavrokordatos** (1791–1865) ise, 1821-22 Yunan İsyanı sırasında da Türklere karşı direnişte başarı göstererek modern Yunan Devletinin kurucularından biri oluyor.

Aleksandro Mavrokordato'nun bu müzakereler sırasında Osmanlı Devletine ihanet edip etmediği tartışmaları süredursun, tercümanların ve tercümanlık kurumunun geçmişte çok önemli roller üstlendiği ve ulusların daha çok etkileşim içinde olacakları gelecekte de etkinliklerini sürdürecekleri aşikardır.

Buradan hareketle, eski saraylarda başrollerde görülen ve birçok noktada kendilerine itimat edilen azınlık tercümanlarının yerinde bugün azınlık-çoğunluk onbinlerce tercüman var. Etkileri eskisi kadar var mı yok mu tartışılır ancak internetin ve internetteki içeriğin ulusların kaderini belirleyeceği bu yeni yüzyılda yeni **dragoman**lara ve hatta bir adım ilerisinde -önemli ulusal kişiliklerimizi, görüşlerimizi ve hatta uluslararası duruşumuzu tüm dünyaya anlatacak- **yeni nesil copywriter**lara ihtiyacımız olduğunu herkesin anlaması ve buna göre hareket etmesi gerekir! Evet, tercümanların geçmişi dragomanlığa, yani saray tercümanlığına dayanır ancak geleceklerinde **viral copywriting** olarak adlandırılan bir kurum olacaktır. **Viral copywriting**, kesinlikle geleceğin kendini-pazarlama ve anlatma biçimi olacak ve (marka, şahıs, şirket, ülke) reklam ve tanıtımında proaktif bir yaklaşım olarak hayatımızdaki yerini alacaktır. Tüm bu gelişmeleri önceden sezmek ve tercümanları şimdiden bu geleceğe hazırlamak gerekir. Ermeni Sorunu ve benzeri sorunlar nedeniyle yeni Karlofça antlaşmalarına giden yolu şimdiden kapatmak ve başımıza yeni çoraplar örülmesinin önüne geçmek için **viral müzakere** masasına tercümanları şimdiden oturtmamız iyi olur. Geç olmadan..

Latince ve Çeviri

Çeviri (eski dilde 'tercüme') kelimesi Latince *translate*'in karşılığı olan *translatum*'dan gelir. *Translatum* kelimesi de tüm sözlüklerde ve etimoloji kaynaklarında **trans** ve **latum** şeklinde ikiye ayrılarak anlamlandırılır.

Translate his malice towards you into love!
Sana olan nefretini aşka dönüştür!
(William Shakespeare, Koryolanus, Perde II, Sahne 3)

Translatum mana olarak **bir şeyden bir başka şeye dönüştürmek, çevirmek** şeklinde ifade edilir. Buraya kadar her şey bütün kaynaklarda bulabileceğiniz bilgiler.. Ben bu yazıda *latum* sonekini *latin* (latince) olarak düşünüp bir çıkarım yapmaya çalışacağım.

Batı'da mimarinin, heykelin, resmin, müziğin en büyük destekçisinin ve çok zaman da tek destekçisinin *kilise* olduğu bilinir.. Söz konusu olan *translatum* kelimesi ve Latince de kilisenin dili olunca, *translatum* kelimesinin orijini konusunda *Latince'ye çevirmek* yorumu yapılabilir. Buradan hareketle, bu kelimenin *İncil'in İbranice'den Latince'ye çevrilmesi* manasına geldiğini söylemek akıldışı olmayacaktır! Varsayımım bununla da kalmıyor aslında. Bu daha birinci evre..

İkinci evrede, aynı kelime *klasik eserlerin Latince'den Batı dillerine çevrilmesi* anlamında da kullanılmış olabilir.

Yani, **translate** kelimesi 2 evrede incelenebilir;

- *Birinci Evre – İncil'in İbranice'den Latince'ye*
- *İkinci Evre – Klasik eserlerin Latince'den Batı dillerine çevrilmesi*

Buradan bakınca birinci evre Ortaçağ'a kadar olan ve İncil çevirilerinin yapıldığı "din-eksenli çeviri" dönemini, ikinci evre ise daha çok Ortaçağ'dan sonra yapılan ve Eski Yunan ve Roma eserlerinin çevirilerinin yapıldığı "din-ötesi çeviri" dönemini anlatıyor. Bu iki dönemi birbirinden her zaman net vurgularla ayırmak mümkün olmayabilir. Genel olarak din-eksenli çeviriler İsa'dan birkaç yüzyıl sonra, din-ötesi çeviriler de Batı Roma'nın yıkılmasından birkaç yüzyıl sonra başlıyor.

Bilmiyorum hiç bu açıdan baktınız mı, ancak bu açıdan bakıldığında hemen tüm kültürlerde çevirinin genel olarak iki farklı aşamadan geçtiğinden söz edilebilir.. Bizde de çeviri denince eskiden tek akla gelen Kuran çevirisi (meali) iken, zamanla durum değişmiş -ve her ne kadar klasik Türk tarihine dair eserler üzerinde çok durulmamış olsa da- çok sayıda klasik eser Türkçe'ye kazandırılmıştır. Çevirinin hayatımızda ne kadar büyük değişiklikler yaptığının farkında mıyız acaba?

No Woman No Cry ve Liberian Girl

İlk izlenimin yanıltıcı olabileceğine dair iki şarkı sözü örneği vereceğim bu yazıda. Aslında burada bahsedeceğim iki şarkı da İngilizce, ve fakat Amerikalıların bile çoğunluğunun kafası karışık bu şarkıların ne anlama geldiği konusunda..

Şarkılardan biri, sözleri **Standart-Dışı Jamaica İngilizcesi (Jamaican Patois)** ile yazılan ve ilk olarak Bob Marley tarafından seslendirilen reggae şarkısı **No Woman No Cry**. Bozuk Hackney ağzı ile Jamaika İngilizcesi olarak tam karşılığı aslında **No Woman Nuh Cry**. Burada, **nuh** ifadesi aslında **don't** anlamına geliyor. Yani bu sözler aslında **Hayır kadın, hayır ağlama** anlamına geliyor, **Kadın yok, ağlama yok** gibi bir anlamı yok yani.

No Woman No Cry

No, woman, no cry
No, woman, no cry
No, woman, no cry
No, woman, no cry

Said said
Said I remember when we used to sit
In the government yard in Trenchtown
Oba, ob-serving the hypocrites
As they would
mingle with the good people we meet
Good friends we have had,
Oh, good friends we've lost
along the way
In this great future you can't forget your past
So dry your tears, I say

No, woman, no cry
No, woman, no cry

Ee little darling, don't shed no tears
No, woman, no cry

Said, said,
Said I remember when we used to sit
In the government yard in Trenchtown
And then Georgie would make the fire light
As it was log wood burnin' through the night
Then we would cook corn meal porridge
Of which I'll share with you

My feet is my only carriage
So I've got to push on through
But while I'm gone, I mean...

Everything's gonna be alright
Ev'rything's gonna be alright
Ev'rything's gonna be alright
Ev'rything's gonna be alright
Ev'rything's gonna be alright
Ev'rything's gonna be alright
Ev'rything's gonna be alright
Ev'rything's gonna be alright

So woman, no cry
No, no, woman,
No, woman, no cry
Oh, my little sister, don't shed no tears
No, woman, no cry

I remember when we used to sit
In a government yard in Trenchtown
And then Georgie would make the fire light
As it was log wood burnin' through the night
Then we would cook corn meal porridge
Of which I'll share with you

My feet is my only carriage
So I've got to push on through
But while I'm gone...

No, woman, no cry
No, woman, no cry
Woman, little darling, say, don't shed no tears
No, woman, no cry
Yeah

Little darling don't shed no tears
No, woman, no cry
Little sister, don't shed no tears,
No, woman, no cry.

İkinci şarkı da Michael Jackson'un Elizabeth Taylor için yazıp seslendirdiği ve başında Swahili dilinde bir ifade bulunan **Liberian Girl** şarkısı. Amerikalıların azımsanmayacak bir kısmı bu şarkıyı **Librarian Girl** olarak biliyor ve **Kütüphaneci Kız** şarkısı zannediyorlar! Aslında şarkının adı **Liberyalı Kız**.

Liberian Girl

(naku penda piya-naku taka piya-mpenziwe)
(I love you too-ı want you too-my love)

liberian girl . . .
you came and you changed
my world
a love so brand new
liberian girl . . .
you came and you changed
me girl
a feeling so true

liberian girl
you know that you came

and you changed my world,
just like in the movies,
with two lovers in a scene
and she says . . .
"do you love me"
and he says so endlessly . . .
"I love you, liberian girl"

(naku penda piya-naku taka
piya-mpenziwe)
(I love you too-I want you
too-my love)

liberian girl . . .
more precious than
any pearl
your love so complete
liberian girl . . .
you kiss me then,
ooh, the world
you do this to me

liberian girl
you know that you came
and you changed my world,
just like in the movies,
with two lovers in a scene
and she says,

"do you love me"
and he says so endlessly
"I love you, liberian girl"
(naku penda piya-naku taka
piya-mpenziwe)
(I love you too-I want you
too-my love)

liberian girl
you know that you came
and you changed my world,
ı wait for the day,
when you have to say
"I do,"
and I'll smile and say ıt too,
and forever we'll be true
I love you, liberian girl,
all the time

(girl)
I love you liberian girl,
all the time
(girl)
I love you liberian girl,
all the time
(girl)
I love you liberian girl,
all the time
(girl)
I love you
I love you baby
(girl)
I want you
I love you baby
(girl)
ooh! I love you baby, ı want
you baby, ooh!
(girl)

Sonuç olarak, bildiklerimizin veya bildiğimizi sandıklarımızın önemli bir kısmı yanlış olabilir. Bir yandan bilmediklerimizi öğrenelim ama en başta bildiklerimizden kuşkulanalım. Bildiğimizi zannettiklerimizin çoğu önyargılar ve ön kabullerden oluşuyor olabilir.

Toplantı Masası Efsanesi

Keşanlı Ali Destanı gibi esatirî bir menkıbe anlatmak değil amacım. Bu yazıda, iş dünyasında, **Küçük ve Orta Boy İşletmeler** (KOBİ'ler) ve özellikler de **tercüme büroları** (ve türevleri) arasında yaymaya çalıştığım bir efsaneyi dillendirmek istiyorum.

Efsanenin özeti şu: ideal bir işletme bir toplantı masasını dolduracak kadar uzman personelden oluşur (oluşmalı)! Bu efsane tercüme büroları ve çeviri sektöründeki işletmeler için özellikle doğrudur diye düşünüyorum. Bir toplantı masası ortalama **8 kişilik**tir. Oysa sıradan bir tercüme bürosu iki veya üç kişiden oluşan **tek-hücreli bir organizma**dır.

Bence bu **tek hücreli organizmalar**ın ikisi-üçü bir araya gelerek **çok-hücreli organizasyonlar** halini almalıdır. Bunun için de ortalama 8 kişiye ihtiyaç duyulur benim teorime göre. 8 kişi ile 500 kişilik bir sözleşmeli alt kadroyu idare etmek mümkündür kanaatimce. Bu 8 kişinin içinde **1 Yönetici (Patron), 1 Yönetici Yardımcısı, 2 Proje Yöneticisi, 2 Muhasebeci, 2 Pazarlamacı** bulunmalı bence. Tabi bu kadro yapısı ihtiyaca göre değiştirilebilir. Yemek, temizlik ve insan kaynakları hizmetleri dışarıdan alınmalı. Ofise alınacak bir çay-kahve makinesi ile herkes kendi çay-kahve ihtiyacını kendisi karşılamalı. Tercümanlar bünye içinde sözleşmeli veya bünye dışında serbest çalışan kişiler olmalı.

Bu yapıdaki kişilerin işlerinde deneyimli ve görev, sorumluluk ve sınırlarını iyi bilen kişiler olmaları esastır. Gelecekte tercüme sektöründe görmeyi hayal ettiğim yapı budur. Şu anki yapının bir kaptıkaçtı mekanizması olduğunu düşünüyorum. İnsanların tam olarak önlerini göremedikleri ve bu nedenle de "küçük olsun benim olsun" düşüncesiyle hareket ettikleri dönemlere ait tek-kişilik bir yapı şimdiki. Bana kalırsa, artık bürolar gelecek 40 seneyi dikkate alarak yapılandırılmalı, bir büroya çalışmak için giren kişi -teorik olarak- 40 sene boyunca o büroya bel bağlayabilmeli ve o büro da o kişiden -teorik olarak- 40 sene boyunca verim alabilmelidir.

Aslında burada anlatılan toplantı masası yapısı küçük-orta ölçekli tüm işletmelerde uygulanabilir. Türkiye'de orta ölçekli gibi gözüken birçok işletme aslında dünya ölçeğinde küçük (hatta çok küçük) işletme sayılır. Amacımız orta-ölçekli, yaşayan, hızlı karar alan, gelişime açık yapılar kurmak olmalıdır.

Herhangi bir büyük şirketi arayıp sekretere "Zeki Bey'le görüşebilir miyim?" diye sorduğunuzda, büyük şirketlerde sekreterler çoğunlukla "Zeki Bey şu anda toplantıda." diyerek cevap verirler. Aslında bu cevap büyük şirketlerin yapılarını ele verir. Büyük şirketler sürekli toplantı halinde olan şirketlerdir. Patronlar şirketi genelde toplantı masasından yönetir. Yani, büyük şirketler sürekli olarak bir **tartışma, değerlendirme** ve **karar alma** süreci içinde yönetilir.

Kısaca derim ki, eğer bir işletme kurmayı düşünüyorsanız ya da küçük bir işletmeniz varsa, bu modeli gözden geçirin ve işletmenizi günün en az üçte birinde **toplantı halinde** yönetin. 8 kişiyle dünyayı yönetebilirsiniz! Öte tarafından da bakıldığında, 8 dost bir araya gelseniz dünya size karşı duramaz!

Apostil Nedir?

Apostille ve aynı kökenden gelen *apostle* kelimelerinin etimolojileri incelendiğinde, Latince *post illa* manasındaki *onlardan sonra, ondan sonra, öncekinden sonra, tanık, takipçi, dışarıya gönderilen, mesajı taşıyan* vb. anlamlar karşımıza çıkıyor.

Batı Dünyasında Hristiyanlığa hemen her alanda çok sık atıfta bulunulur. Örneğin Yunanistan'da bir kıza **Maria** (Miriam, Mary, Mariam, Merriam, Meryem) adı verilmesi yaygın bir uygulamadır; soyadı olarak da **Apostolou** yaygındır. Sonuçta bir kıza **Maria Apostolou** adını koyduğunuzda, İsa'nın hem annesini hem de havarilerini anmış ve çocuğa da ömrünü o yolda sürdürmesi için hayatı boyunca taşıyacağı bir hatırlatıcı vermiş olursunuz.

Belli ki, hâkim güç olarak uluslararası belgelerin sertifikasyonu ve karşılıklı tanınması bağlamında 6 Ekim 1961 tarihli Lahey Konvansiyonunu hazırlayan Batılı ülkeler de aynı yola başvurmuşlar ve **apostil** örneğinde de, İsa'nın 12 havarisinin (*apostles*) onun peygamberliğini **tasdik**leyen, mesajı taşıyan, mesaja tanıklık eden, dışarıya gönderilen ve ondan sonra gelenler oldukları ve eğer bir belge **öncekinin yolundan** gidecekse (**öncekini tasdik** edecekse) ona **apostil** adının verilmesi gerektiği fikrinden hareket etmişler.

Apostil kelimesi, günümüzde kullanılan anlamıyla, bir belgenin (ve üzerindeki imzanın) gerçekliğinin tasdik edilerek başka bir ülkede yasal olarak kullanılmasını sağlayan bir belge onay sistemidir. Yani, ülkelerarası bir belge tasdik (doğrulama) sistemidir apostil. **Uluslararası Noterlik Kurumu** da denebilir **Apostil Kurumu**na bir bütün olarak. Ancak apostil örneğinde, evrak tasdikini yapan Noterler değil de Kaymakamlıklar, Valilikler, Mahkemeler veya Elçilikler/Konsolosluklar oluyor.

Tercüme sektörünü ilgilendirdiği boyutuyla apostil, belge örneğin İngilizce'ye çevrilip Noter tasdiki yaptırıldıktan sonra devreye giriyor. Ancak yurt dışında çoğu zaman mahkemeler, ticaret odaları, nüfus müdürlükleri tarafından verilen orijinal belgeler doğrudan apostile gidiyor çeviriye ihtiyaç olmadığı için. Şunu da belirtmek gerekiyor; bu Konvansiyon sadece **resmi belgeleri** ilgilendiriyor. Yani, siz bir yazı yazıp bunun apostilini yaptıramazsınız. Yazınızın örneğin çevirisini yaptırdıktan sonra Noter tasdikine apostil mührü vurdurabilirsiniz. Yani **Apostil Kurumu** resmi kurum olarak **Noter Kurumu**'nu görür karşısında. Yani, **Apostil Kurumu**nun muhatabı **resmi bir kurum**dur!

Ayrıca, vurulan apostil mührü, belgenin (veya belgeyi tasdik eden noter senedinin) muhteviyatını/içeriğini değil, belgenin kendisinin ve üzerindeki imzanın gerçek olduğunu tasdik eder.

Bu belge onay sistemiyle ilgili üye veya taraf devlet tarafından saptanan yerel bir merci, bakanlık, vb. bir kuruluş, belgenin gerçek olduğunu onaylayarak, başka bir üye veya taraf ülkede 6 Ekim 1961 tarihli Lahey Konvansiyonunda belirlenen kurallar çerçevesinde kullanılması için yasal hale getirir. Apostil tasdiki gerçekleştirilen belge, Lahey Konferansının tüm üye ve taraf devletlerinde geçerli bir belge olarak kabul edilir.

Apostilde Bulunması Gerekenler:

Apostillerde ana başlığın Fransızca olarak **"Apostille (Convention de La Haye du 5 Octobre 1961)"** seklinde yazılması zorunludur. Bir apostil belgesi aşağıdaki unsurlardan oluşur:

belgenin düzenlendiği ülkenin adı,
belgeyi imzalayan kişinin adı,
belgeyi imzalayan kişinin sıfatı,

belgeye basılan mührün ait olduğu makamın adı,
tasdik edildiği yer,
tasdik edildiği tarih,
apostili düzenleyen makam,
apostil numarası,
apostili düzenleyen makamın mührü veya kaşesi,
apostili düzenleyen yetkilinin imzası.

Türkiye'de Yetkili Merciler:
İdari Belgeler
    İllerde: Vali, Vali Yardımcısı, Hukuk İşleri Müdürü
    İlçelerde: Kaymakam
Adli Belgeler: Adli Yargı Adalet Komisyonları

Lahey Konvansiyonuna göre aşağıda yer alan belgelerin resmi belge niteliğindedir:

APOSTILLE

(Convention de la Haye du 5 Octobre 1961)

1. Country: REPUBLIC OF SEYCHELLES

   This public document

2. has been signed by   F CHANG-SAM

3. acting in the capacity of NOTARY

4. bears the seal/stamp of FRANCIS CHANG-SAM

   NOTARY, SEYCHELLES

         Certified

5. at   VICTORIA   6. 20TH JUNE 2006

7. by   M VIDOT, REGISTRAR, SUPREME COURT

8. No.   7526 OF 2006

9. Seal/Stamp   10. Signature

A) Apostil Şerhi konacak resmi belgeler:

a) "Savcı, zabıt kâtibi veya adliye memuru tarafından verilmiş belgeler de dâhil olmak üzere, devletin bir yargı organına veya mahkemesine bağlı makam veya görevli memur tarafından düzenlenmiş olan belgeler,

b) İdari belgeler,

c) Noter senetleri,

d) Kişilerce özel sıfatla imzalanmış belgeler üzerine konulmuş olup belgenin kaydının veya belirli bir tarihte mevcut olduğunun ve imzaların doğruluğunun resmi makam ve noterlerce tasdiki gibi resmi beyanlar"dır.

B) Aynı maddeye göre sözleşmenin uygulanamayacağı, diğer bir deyişle, Apostil tasdiki yapılamayacak belgeler:

a) "Diplomasi veya konsolosluk memurları tarafından düzenlenmiş belgeler,

b) Ticaret veya gümrük işlemleriyle doğrudan ilgili olan idari belgeler"dir.

Bana Çevirmen Olduğunu Söyle, Sana Hatalarını Sayayım

Ne kadar meraklı var hatalarımızı bulup çıkarmak ve bundan sinsi bir haz duymak isteyen.. Geçenlerde Facebook'ta bir sayfa açtım ve **Like (Beğen)** butonuna basanların sayısı rekor bir hızla artmaya başladı. **Her Gün 1 Çeviri** adını verdiğim sayfada her gün beğendiğim İngilizce bir veya bazen birkaç cümleyi Türkçeye çeviriyorum veya daha önceden yapılmış bir çevirisini yayınlıyorum.

Vakti zamanında İletişim Fakültesinde bir sene okumuştum. Fakültedeki ilk dersimizi dün gibi hatırlarım. Sonradan televizyondan öldüğünü öğrendiğim yaşlı hocamız sınıfa girmiş ve tahtaya **mevkute** yazmıştı. Mevkute kelimesi, eski dilde vakitli yayın, süreli yayın anlamına geliyor. Dergiler ve gazetelerin mevkute (belirli zaman aralıklarında çıkan yayınlar) olduklarını anlatmak istiyordu bize. Aynı dersin ilerleyen dakikalarında **basın** ve **basım**, **yayın** ve **yayım** arasındaki farkı anlatmaya çalışmıştı.

İlerleyen yıllarda çeviri sarmalının içine girince dilde birçok eskiyen kuralın olduğunu gördüm. Kurallar eskiyordu ama bazı insanlar eski kuralları o kadar abartıyordu ki **yayım** yerine **yayın** yazdığınızda üzerinizde bir mahalle baskısı hissetmeye başlıyordunuz! Tıpkı çok sevdiğim **edebiyat** kelimesi yerine **yazın** kelimesini kullanmayı tercih eden ve çok zaman bunu abartan bir kısım azınlık gibi, birilerinin dili siyasi bir araç olarak kullanmaya çalıştıklarını ve bunda da yıllarca başarılı olduklarını gördüm. Tüm Avrupa'da İngilizcedeki **Latince** kökenli **literature** kelimesi yerine başka bir kelime arayışı içinde olan birileri var mıdır bilemem; zannederim Avrupa'nın tamamı üzerlerine gülerdi böyle bir girişimde bulunanların..

Bir tarafta **basım** ve **yayım** gibi kelimelerle baskı kurmaya çalışanlar, diğer tarafta da **yazın** kelimesini kabul (dikte) ettirmeye çalışanlar olduğu halde yollarına devam eden çevirmenleri bekleyen bir başka zıtlaşma da çeviriye kendi yorumlarını katmaya çalıştıklarında ortaya çıkıyor. Sanki çevirisi yapılan cümle babalarının malıymış, o cümlenin başka bir çevirisi/yorumu yapılamazmış gibi sizi sıkıştırmaya kalkıyorlar.

Çeviri eleştirmenliği sadistlerin haz duymak için yapacağı bir iş midir? Birileri bir köşede çevirmenin (veya herhangi bir kişinin) hata yapmasını mı bekliyor? Birileri diğerlerinin jandarması mı? Ortaya çıkıp, "ben çevirmenim" dediğimizde neden şamar oğlanına dönüyoruz? Şu ana kadar kaç kişi çıkıp da iyi çevirmenleri ödüllendirmiş? Şimdiye dek onbinlerce film seyrettiniz ve binlerce kitap okudunuz belki ama hiç bu filmi ya da kitabı kim çevirdi merak etmediniz. Ne zaman "ceddine rahmet" okuyarak anıyorsunuz çevirmeni? Hata yaptığını düşündüğünüz/gördüğünüz zaman! Doğru olan şudur: İyi yapılanı takdir etmiyorsanız, kötü yapılanı eleştirme hakkınız yoktur!

Uzun lafın kısası, **"Bana çevirmen olduğunu söyle, sana hatalarını sayayım, seni yerden yere vurayım"** gerçeğini bir kere daha yaşıyorum şu **mevkute** tarzındaki süreli (günlük) Facebook sayfamda. Bir tek farkla belki, orada **Like** butonu da var! Birkaç gayrimemnun kişi yanında onlarca memnun kişiyi de görüyorum.

Her çevirmenin sağına **Beğen**, soluna **Beğenmekten Vazgeç** butonu koymak lazım belki de! Çevirmenler sokakta bile öyle dolaşsınlar:) Ne yazık ki normal hayatta sadece **Eleştir (Beğenme)** butonu var ve tek başına bu butonun olması çevirmenlerin mesleklerinden soğumalarına ve kendilerini geliştirememelerine neden oluyor!

Shakespeare'den 1 Kıta ve 6 Çeviri

Shakespeare'in 88. sonesinden 1 kıta alıp farklı çevirilerini yapmayı denedim kendimce.. İlk çeviriyi internetten aldım. Usta Can Yücel'e ait.. Diğerlerini de ben yaptım çevirinin yorum olduğunu göstermek maksadıyla.. Güzel birşey bulursanız Shakespeare ve ustalarımıza ait; kusur da varsa bizden bilin.

(İngilizce)
When thou shalt be disposed to set me light,
And place my merit in the eye of scorn,
Upon thy side against myself I'll fight,
And prove thee virtuous, though thou art forsworn.

(Türkçe 1)
Gün gelip artık bana değer vermez olduğunda,
Senin yanında yer alıp kendime karşı çıkacağım;
Hor görüp yüz çevirdiğini gördüğüm zaman bana,
Haksızlık etsen de, senin hakkını savunacağım.

(Türkçe 2)
Olur da başlarsan beni hafife almaya,
Bir gün yakışmadığımı sana düşünürsen,
Yanında olurum kendimle savaşmaya
Ve kollarım seni dönsen de sözünden.

(Türkçe 3)
Başladığın gün değer vermemeye bana
Ve düşürdüğün gün gözündeki kıymetimi,
Çatışırım kendimle omuz verip sana;
Yeminini bozsan da, aklarım sözlerini.

(Türkçe 4)
Devran dönüp ışığımı almaz olduğunda artık
Ve yüzüme bakmak zul geldiğinde gayrı sana,
Senin safında yer tutup vuruşurum kendimle;
Ve sana halel getirmem tövbeli olsan da bana.

(Türkçe 5)
Karar verdiğin gün hakir görüp dışlamaya,
Küçük düşürmeye beni herkesin gözünde,
Taraf olurum sana kendimle vuruşmaya;
Ta ki sen haklı çık durmasan da sözünde.

(Türkçe 6)
Gizlimi saklımı açık etmek geçtiğinde aklından,
Seninle birlik olup ben be saldıracağım bana;
Rezil edip yerin dibine sokmaksa beni niyetin,
Benden caymış da olsan sahip çıkarım sana.

Shakespeare Çevirmenin Sınavıdır

Şiir ve edebiyat çevirileri yaparken çevirmen en büyük ikilemi metne sadık kalıp kalmama konusunda yaşar. Shakespeare'den birkaç satır çeviriyle örnek verelim.. (Hatırlatma: Bu mısralar, bir perinin oyundaki Puck adlı karakterin "Ne tarafa gidiyorsun?" sorusuna cevabıdır.)

A Fairy Song
Over hill, over dale,
Thorough bush, thorough brier,
Over park, over pale,
Thorough flood, thorough fire!
I do wander everywhere,
Swifter than the moon's sphere;
And I serve the Fairy Queen,
To dew her orbs upon the green;
The cowslips tall her pensioners be;
In their gold coats spots you see;
Those be rubies, fairy favours;
In those freckles live their savours;
I must go seek some dewdrops here,
And hang a pearl in every cowslip's ear.
Farewell, thou lob of spirits; I'll be gone.
Our queen and all her elves come here anon.

Kişisel olarak benim çevirim bu metne daha sadık olur ve muhtemelen aşağıda yaptığım çeviri denemesine daha yakın olurdu.

Bir Peri Ezgisi

Dereler, tepeler dardır bana,
(Over hill, over dale,)
Dikenler, çalılar sazdır bana,
(Thorough bush, thorough brier,)
Yeşiller, bozkırlar düzdür bana,
(Over park, over pale,)
Sular, ateşler durdurmaz beni!
(Thorough flood, thorough fire!)
Gezip görmediğim yer kalmaz,
(I do wander everywhere,)
Hızım ayküreden çoktur benim;
(Swifter than the moon's sphere;)
Periler Kraliçesine hizmetkarım,
(And I serve the Fairy Queen,)
Yerdeki halelerine çiy dizerim;
(To dew her orbs upon the green;)
Boylu çuha çiçekleri korumaları;
(The cowslips tall her pensioners be;)
Altın sarısı armalarında benekleri;
(In their gold coats spots you see;)
Yakuttandır.. perilerin rozetleri;
(Those be rubies, fairy favours;)
Hoş kokuları saklıdır çillerinde..
(In those freckles live their savours;)
İyisi mi ben gideyim, çiy taneleri bulup,
(I must go seek some dewdrops here,)
İnciler dizeyim taçlarına çiçeklerin.
(And hang a pearl in every cowslip's ear.)
Elveda cinler soytarısı; benden bu kadar.
(Farewell, thou lob of spirits; I'll be gone.)
Kraliçem ve maiyeti birazdan buradalar..
(Our queen and all her elves come here anon.)

Aynı şiirin internetten bulduğum -metinden daha bağımsız- bir başka çevirisi de şöyle:

Az giderim uz giderim,
Dere tepe düz giderim,
Yangında uçar, selde kaçarım
Orda burda ben her yerde yaşarım
Hızlılıkta ay küreyi aşarım
Kraliçem çağırdı mı koşarım,
En iyisi ben gideyim periler maskarası, Kraliçem birazdan damlar.
(Bir Yaz Gecesi Rüyası – İkinci Perde, Birinci Sahne)

İki yöntemden hangisini seçerseniz seçin ancak Shakespeare'i yaşarken öldürmeyin, dirilirse güldürmeyin..

Diagram Designer

İşte size masaüstünüzden eksik etmemeniz gereken basit ama çok kullanışlı bir şema ve tablo çizme/hazırlama programı: **Diagram Designer.** Özellikle kuruluş şemaları gibi şemalarda müthiş işinize yarayacak, **4 üzerinden 4** verebileceğim bir program bu..

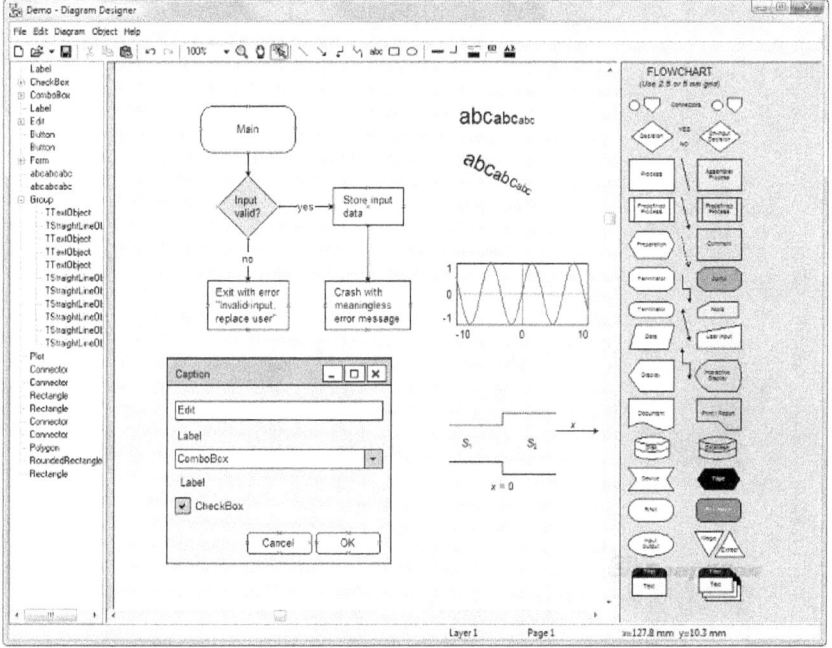

Gelen çeviri metinlerinde bazen bir şema veya tablo olur ve çoğu zaman epey vakit alır bunları düzenlemek. Bu programla, en zor şemaları birkaç dakika içinde **sağ taraftaki simgeleri ana ekrana sürükleyip bırakarak** çizebilirsiniz. Çizdiğiniz şemaları Word ortamına rahatlıkla aktarıp üzerlerinde değişiklikler yapabilirsiniz. Bir deneyin, hem çok keyif alacaksınız hem de bana teşekkür edeceksiniz.

Çeviri Neden Sanattır?

Çeviri her ne kadar bir miktar matematik zekâ gerektirse de, estetik zekâda gizli kaotik sırrı entropik düzensizlik engeline takılmadan çözememiş bir kişinin çevirmen olması imkânsızdır! Termodinamiğin ikinci yasasına göre matematik zekâ her zaman entropi engeline takılacağı için çeviri bilim değildir! Yani matematik zekâ sınırlıdır, hâlbuki estetik zekânın sınırı yoktur! Düşünmenin sınırı vardır, düşüncenin sınırı yoktur! Çevirinin bir yüzü daima "yorum ışığı almak için" Clytie edasıyla güneşe bakacağı için **Çeviri Sanattır...**

Çevirmen Kime Benzer?

| Salvador Dali | Pablo Picasso | Leonardo da Vinci | Van Gogh |

| Christopher Marlowe | Frank Sinatra | John Lennon | Virginia Woolf |

Çevirmen Kime Benzemez?

| Albert Einstein | Stephen Hawking | Charles Darwin | Marie Curie |

| Michael Faraday | Isaac Newton | Robert Boyle | John Dalton |

Dünya Çeviri Günü

30 Eylül'ün Dünya Çeviri Günü olarak kutlandığını zannediyorum biliyorsunuzdur. Aslında Facebook'ta bir 30 Eylül etkinlik daveti vardı İstanbul'da. Katılacağımı bildirmeme rağmen İstanbul'a gitmeye fırsat bulamadım bir türlü.

Bu türden günlerin anlamsız olmakla birlikte gerekli olduğuna inananlardanım ben. Bu günler sayesinde en azından senede bir kere olsun iyi çevirmenlere ödüller verme, birkaç konuşma yapma ve bir yerlerde buluşup laflama şansı oluyor.

Kutladığımız diğer özel günlerin birçoğu gibi, ne yazık ki Dünya Çeviri Günü de ithal bir gün! Bir araya gelip kutlamak için bir gün bile belirleyememişiz çevirmenler olarak. Çeviri güzeldir ama **çeviri-kültür** hoş bir durum olmasa gerek. Bizim için hiçbir anlam ifade etmeyen günleri kutlamak bana akıllıca gelmiyor.

Aynen **Sevgililer Günü**'nün aslında **Aziz Valentin Günü** olması ve diğer bir sürü gün gibi hikayesi de ilginç **Dünya Çeviri Günü**'nün, ya da nam-ı diğer **Aziz Jerome Günü**'nün..

Aziz Jerome (St. Jerome) 347-420 yılları arasında yaşayan bir Hristiyan papazı, çevirmen ve yazar. İncil'i Latince'ye çevirmesiyle tanınıyor. İşin ilginç yanı, aziz ilan edilmesinin sebebi mucizeleri falan değil, İncil'in Latince'ye çevirisini yapması! Batı dünyasında çevirmenlerin (ve tercümanların), arşivcilerin ve ansiklopedistlerin **koruyucu azizi** olarak kabul ediliyor. Ölünce önce Beytüllahim'de (Bethlehem) gömülüyor, sonrasında cenazesi Roma'daki ünlü Santa Maria Maggiore'ye defnediliyor.

Daha da ilginci Aziz Jerome'nin **kötü bir çevirmen** olması ve tüm zamanların en büyük çeviri hatalarından bazılarını yapmış olması.. İncil'i İbranice'den Latince'ye çevirirken orijinal metinde **Musa'nın "kafasında nur haleleri"** olduğunu yazan bir bölümü **Musa'nın "kafasından çıkan boynuzlar"** olduğu şeklinde çevirmiş! Tabi bununla da kalmamış. Yanlış yanlışı doğurmuş ve bu çeviriden ilham alan Mikelanj (Michelangelo) Roma'daki San Pietro in Vincoli kilisesindeki **boynuzlu Musa heykeli**ni yapmış! Aslında bunun çeviri hatasının da ötesinde Yahudilerin Hristiyanlar tarafından şeytanlaştırılmasının kanıtı olduğu yorumları da çoktur. Malum, Adem'e başkaldıran baş şeytan İblis (Azazil) keçi olarak resmedilir eski kaynaklarda.

Şimdi biz bir yandan çevirmenlerin imajını düzeltmeye çalışırken, 30 Eylül Dünya Çeviri Gününde boynuzlanan kim? Sorgulamamız gerekmez mi Mr. Jerome'nin -en azından- evliyalığını? Nasıl düzeltiriz bu boynuzlu imajımızı?

Kendi çevirmenlerimizin yanlışlarını boy boy duyururken, bunu da görelim ve bu konu üzerinde biraz düşünelim istedim. Yine de -her şeye rağmen- çevirip ithal ettiğimiz Dünya Çeviri Gününüz kutlu olsun!

Lokalizasyon Araçları

Cataylst yazılım lokalizasyon aracı.

Language Studio yazılım lokalizasyon aracı. 3 versiyonu bulunuyor (Standard, Pro ve Enterprise)

Microsoft LocStudio Ne yazık ki herkesin erişebileceği bir yazılım değil. Microsoft yazılımlarının lokalize edilmesinde kullanılıyor. Muhtemelen en güçlü lokalizasyon aracı..

Multilizer yazılım lokalizasyon aracı; farklı dosya formatlarını destekliyor; başka çeviri araçlarından TMX bellekleri içeri aktarılarak kullanılabiliyor; 30-günlük deneme sürümü (tam fonksiyonlu) indirilebilir.

SDL Insight SDL International'ın yazılım lokalizasyon aracı.

PASSOLO SDL International. Demo sürümü indirilebilir. Trados ve Star ile arabirim kurabiliyor. Opsiyonel eklentileri: .NET, Delphi, Java, XML (XLIFF dahil). Otomasyon ve scripting kullanarak özelleştirme yapılabiliyor.

RC-WinTrans yazılım lokalizasyon aracı. Sınırlı demo versiyonu indirilebilir. Desteklenen dosya türleri arasında .exe, .dll, .ocx, .ini. properties, shl dosyaları da bulunuyor.

Visual Localize Lingobit Technologies. C++ ve VB uygulamaları, XML ve veritabanları.

Lingobit Localizer Lingobit Technologies'in yazılım lokalizasyon aracı.

Sisulizer yazılım lokalizasyon aracı.

Çevirmen Olarak Kariyer Yapmak

Bu günlerde kamu kurumları ve şirketler giderek artan bir oranda çevirmen arayışında. 2000 yılı mesleğimiz için milat oldu denebilir aslında. Genel olarak bu tarihten sonra devletler ve şirketler dil bilmenin ve dil bilen insanların dünyaya açılmak için birçok silahtan daha güçlü bir araç olduğunu anlamaya başladılar.

Dünya nüfusunun büyük kısmının farklı dildeki bir materyali, farklı dilde hazırlanmış bir internet sitesini, yerel dile çevrilmemiş bir kitabı veya ürün kılavuzunu anlamadığını fark eden şirketler ve ayrıca dünyanın farklı bölgelerinde nüfuzlarını artırmak isteyen devletler artık mütercim tercümanların farkına varmaya başladı.

Bence artık çevirmen olarak kariyer yapmak eskisinden çok daha kolay. Türkiye'de milyonlarca şirket var ve ben şu ana kadar iyi dil bilen ve bilgisayarla da arası iyi olan (klasik programların ötesinde bilgisi olan) hiç kimsenin açıkta kaldığını görmedim. Yani sadece yabancı bir dili ve bilgisayarı (birkaç yazılımı ve internet teknolojilerini) iyi bilerek ciddi bir kariyer yapma şansınız var artık.

Eskiden sadece birkaç devlet kurumu ve belli başlı şirketlerde tercümanlık kadroları vardı ancak şimdilerde küçükten büyüğe tüm şirketler ve kamu kuruluşları tercüman kadroları açmış durumdalar. Yeteneklerinizi bilin, fırsatları kollayın ve araştırın, önünüze çıkan fırsatları iyi değerlendirin. Şu anki gelişmelere baktığımda, önümüzdeki yıllarda Türkiye'deki mütercim tercüman sayısının çok fazla artacağını tahmin ediyorum. Belirli bir alanda uzmanlaşmak suretiyle gümbür gümbür gelmekte olan bu yeni akıma kendinizi iyi hazırlayın.

İşte size maziden iki gazete ilanı..

Fransızca Daktilosu, İngilizce mütercim daktilosu alınacak

Devlet Demiryolları Genel Müdürlüğünden

Genel Kâtiplik teşkilâtında çalışmak üzere bir Fransızca daktilosu ve bir İngilizce mütercim daktilo müsabaka ile hizmete alınacaktır.

Başlangıç ücreti olarak Fransızca daktilosuna 350 lira, İngilizce daktilosuna 450 lira verilecektir.

Müsabaka 22/Ekim/1952 çarşamba günü saat 10 da Genel Kâtiplikte yapılacak, kazananlardan stenoğrafi bilenler tercih olunacaktır.

Hizmete alınacaklar D cedveline dahil olacaklar ve bu cedvel şartlarına tâbi tutulacaklardır. (16271)

Bayan ve Bay İngilizce Mütercim ve Mühendis Alınacaktır

1 — Kara Kuvvetleri Ordu Donatım Dairesine azamî 750 lira aylık ücretle 6 makine mühendisi ile azamî 625 lira aylık ücretle 9 İngilizce mütercim daktilo alınacaktır. İstihdam yerleri Ankara'dadır.

2 — Verilecek ücret geçici hizmetliler bölümündedir.

3 — İngilizce mütercimler için imtihan 1 temmuz 1953 çarşamba günü saat 9.30 da Amerikan Askeri Yardım Kurulunda yapılacaktır.

4 — İmtihana girebilmek için Memurin Kanununun 4 üncü maddesinde yazılı niteliklere sahip olmak lâzımdır.

5 — İmtihana bayanlar da girebilirler.

6 — İmtihan günü Ordu Donatım Başkanlığına yazılacak bir dilekçe ile Amerikan Askeri Yardım Kurulu tercüme bürosuna müracaatta bulunulacaktır. Diğer belgeler imtihandan sonra istenilecektir.

7 — Evvelce İngilizce imtihana girip muvaffak olamıyanlar da bu imtihana girebilirler.

8 — Alınmalarını isteyen mühendisler ellerinde mevcut dilekçe diploma ve bonservisleri ile birlikte 1 temmuz 1953 tarihine kadar Ordu Donatım Daire Başkanlığına müracaatta bulunmaları ilân olunur. (9000)

Üniversitelere Çeviri Kursu

AB çok dillilik sorununa çözüm arıyor: Üniversitelere çeviri kursu önerisi☐

Avrupa Komisyonu 12 Ekim'de yeni bir kampanya başlatarak Avrupa çapındaki üniversitelerin çeviri kursları düzenleyerek birlik kurumları arasında bu konuda olası bir kriz korkusunu gidermeleri çağrısında bulundu.

Kaliteli dil hizmetlerine artan talep ve Avrupa Birliği'nde (AB) kullanılan dillerin sayısının 2004-2007 döneminde 11'den 23'e çıkması nedeniyle geçtiğimiz yıl Avrupa Komisyonu 'Avrupa'nın Çeviri Ustaları' (AÇU) adında bir girişim başlatmıştı.

AÇU kurslarıyla öğrencilere modern iş piyasasının da ötesinde dil yetenekleri kazandırılarak girişimcilik, proje yönetimi ve müzakere konularında becerilerini geliştirmeleri hedefleniyor.

Komisyon bu amaçla AÇU'nun idarî maliyetlerini karşılanması ve 2010 yılında bir konferans düzenlenmesi için €300,000 bütçe ayırmış bulunuyor. Ancak Komisyon'un öğrencilere veya dik stajlarına doğrudan mali destek sağlamayacağı bildiriliyor.

AB kurumları her yıl çeviri ve tercümanlık için €1 milyar harcıyor. AB bütçesinin yüzde 1'ine karşın gelen bu miktar dil hizmetleri için fert başına €2,5 harcanması anlamına geliyor.

Komisyon rakamlarına göre, AB belgelerinin yüzde 72'si İngilizce, yüzde 12'si Fransızca, yüzde 3'ü Almanca hazırlanırken Komisyon'un "Europa" web sitesi kullanıcılarının yüzde 88'i İngilizce konuşuyor.

Üniversitelerin dâhil olduğu AÇU ağı birliğin "giderek artan çevirmen ve mütercim tercüman talebini karşılamak üzere" genişletileceği bildiriliyor.

Hâlen AÇU ağında 34 üye bulunuyor. Ancak Komisyon yaklaşık 250 üniversitenin ve diğer yüksek öğrenim kurumlarının da çeviri kursları hizmeti verdiklerini kaydediyor.

AB Eğitim, Çokdillilik, Meslekî Eğitim ve Gençlik Komiseri Androulla Vassiliou "Birçok ülkede profesyonel garanti belgesine sahip olmayan herkes çevirmen olduğunu iddia edebilir. AÇU projesinin uzun vadedeki hedefi çevirmenlikle ilgili meslekî eğitim standardını yükseltmektir" dedi.

Bir üniversitenin AÇU etiketine sahip olabilmesi için çeviri kurslarının mevcut ağa üye çeviri uzmanları tarafından sağlanması gerekiyor.

AÇU kurslarıyla öğrencilere bir işi nasıl yürütebilecekleri, çeviri, dil endüstrisinin altyazı, seslendirme, tercüme gibi diğer alanları ve yerel çeviri ihtiyaçlarının nasıl karşılanacağı öğretilecek.

Komiser "AÇU etiketli bir kurs bu alanda en iyisi olma özelliğine sahip olacak" dedi.

AB üyelerine bu konuda verdiği desteği hatırlatan Komisyon dil çeşitliliğinin Avrupa Birliği'nin can damarı değerlerinden biri olduğunu hatırlattı.

Komisyon Eylül 2008'de belirlediği çokdillilik stratejiyle dille ilgili etkinlik ve projelere "Yaşam Boyu Öğrenim Programı" çerçevesinde yıllık €50 milyonluk bütçe ayırdı.

Dil becerisindeki eksiklikler

2007 yılında yapılan bir çalışmada yaklaşık 2,000 işyeri dil konusundaki yetersizlikler nedeniyle kapandı. Bunların yüzde 11'i aynı sebeple yaptıkları iş anlaşmalarını iptal etmek zorunda kaldılar.

Komisyon dün yaptığı açıklamada çeviri hizmetlerine talebin dünya genelinde artmakta olduğunu kaydetti.

AB'de dil endüstrisinin yılda yüzde 10 ciro ile artması ve 2015'e kadar toplam değerinin €20 milyara ulaşması bekleniyor.

AB kurumlarındaki dil bölümlerindeki görevliler emeklilik dönemine yaklaşırken yerlerine aynı hızda yenileri bulunamıyor. Dahası AB'nin bu konudaki şartları son derece katı ve başvuruda bulunanların yalnızca yüzde 30'u mevcut krizin aşılmasına yetecek kapasitede görülüyor.

İtalyanca mütercimlerin AB kurumlarında sayılarının giderek azalması nedeniyle Roma'da eylülde başlatılan kampanya çerçevesinde genç İtalyanların AB kurumlarına işe başvurusunda bulunmaları teşvik ediliyor.

Benzer kampanyalar son 18 ayda birbiri ardında düzenlenirken Fransızca, İngilizce, Almanca, İtalyanca ve Hollandaca konuşan eleman arayışına hız verildi.

Kaynak: http://www.euractiv.com.tr/

Uyarlama (Lokalizasyon) ve Çeviri

Adaptasyon, Türkçe'ye **uyarlama** olarak çevrilmiş olup, herhangi bir dilde yazılmış edebi bir eseri örf, adet ve karakterler bakımından değiştirerek, başka bir dile aktarma ya da bir türden başka bir türe dönüştürme işine denir. Ancak ifade etmek gerekir ki, uyarlama eserler orijinalleri kadar, hatta onlardan daha da değerli olabilmektedir.

Uyarlamanın edebiyatta iki şekli vardır:

1-Başka bir dilde yazılmış edebi bir eserin milli örf ve adetlere uydurularak o dile aktarılmasıdır.

2-Bir edebi eserin yazıldığı türden başka bir türe aktarılmasıdır.

Edebiyatımızda birinci maddede belirtileri uyarlamanın en güzel örneklerini **Ahmet Vefik Paşa** vermiştir. Paşa'nın özellikle Moliere'den yaptığı uyarlamalar Türk tiyatrosu için büyük önem taşımaktadır. Herhangi bir eseri bütün olarak örf, adet, yer ve karakter bakımından değiştirerek, tercüme edildiği milletin hayatına uydurmaya da uyarlama denir.

Son aylarda televizyonlarda popüler olan **Aşk-ı Memnu** dizisi de -her ne kadar reyting amacıyla uzatmalı hale gelmiş olsa da- tür uyarlamasına bir örnek sayılabilir. Romandan dizi filme doğru yapılmış bir uyarlama..

Uyarlama çeviriler bir bakıma **lokalizasyon** uygulamalarının da ilk örnekleri sayılabilir. Metinlerdeki kültürel ögelerin hedef dile çevrilirken yerel karşılıklarının bulunması aslında çevirinin de özü sayılabilir.

I was drinking a milkshake at a café in the black neighborhood of Essen, listening to Celine Dion's sentimental songs.

cümlesini

Esenler'in çingene mahallesinde bir kahvede ayran içiyor, Bergen'in damardan şarkılarını dinliyordum.

şeklinde çevirirsek güzel bir uyarlama (lokalizasyon) örneği vermiş oluruz!

Uyarlama aslında çeviri yeteneği ve zekânın çok güzel sergilenebileceği bir alandır. Edebiyat alanında yapılabilecek bu türden uyarlama denemeleri dilimize ve edebiyatımıza (yazınımıza) çok şey katacak, çevirmenleri vitrinin baş köşesine oturtacaktır.

Edebiyat alanında yapılan uyarlamalar bir yana, **Dünya Sağlık Örgütü** özellikle bağımlılık yapan madde kullanımının önlenmesine yönelik sağlık materyalinin dünyanın farklı köşe ve ülkelerinde kavramsal ve kültürel açıdan aynı derecede anlaşılabilir şekilde çevrilmesi için **forward translation** ve **back translation** yaklaşımını kullanmaktadır.

Bu yaklaşımda,

- kaynak metin önce bir çevirmen sağlık profesyoneli tarafından ileri doğru **(kaynak->hedef)** çevrilir,

- bir **uzmanlar kurulu** yapılan çeviriyi değerlendirir,

- çevirisi yapılan metin geri doğru **(hedef->kaynak)** tekrar çevrilir,

- ortaya çıkan **uyuşmazlıklar** tartışılır,

- hedef dile çevrilen metnin doğruluğu ve anlaşılabilirliği **sahada bağımlılar üzerinde anketler ve mülakatlar** yapılmak suretiyle test edilir,

- çevrilen **metnin son hali** oluşturulur,

- bu kültürel uyarlama prosedürleri ile ilgili olarak tüm bu süreçleri içine alan (ileri ve geri doğru çevirilerin, sahada karşılaşılan sorunların ve uzmanlar kurulunun tavsiyelerinin de içinde bulunduğu) bir dokümantasyon oluşturulur.

Çalışma masamda biraz ötelere daldım ve bir an için Fransızca'dan Türkçe'ye tiyatro eserleri çeviren Ahmet Vefik Paşa'nın yüzyıl önceki titizlik ve kıvraklığını ve bugün de Dünya Sağlık Örgütü'nün **bağımlılar için hazırladığı çeviri materyal** üzerinde bu kadar ciddiyetle durmasını düşündüm. Biri edebiyat, diğeri sağlık alanında gösterilen bu iki gayretkeşlik örneğinin tüm çevirmenlere yol göstermesini ve tüm çevirmenlerin çeviri ve lokalizasyon uğraşını daha ciddiye almalarını diliyorum..

ADI : BELGİN SARILMIŞER (SANATÇI ADI : BERGEN) 15 / 07 / 1958 Yılında Mersin'de dünyaya gözlerini açtı Belgin Sarılmışer . Gerçek kökeni Suriye Türkmen soyuna dayanmaktadır.Rahmetli Bergen'in 1976 / 1980 yılları arasında, akrabası Göksel ile evlenen Bergen yaşadığı talihsiz bir ailevi sorundan kaynaklanan , bir sebep ile canından çok sevdiği , eşi gözüyle baktığı, Allah katında kocası olarak gördüğü ilk ve son sevdası olan Göksel'den zorla ayrılmak zorunda bırakıldı. Vicdanı rahat etmese de bunu kabullendi Bergen.

Beyine söylediği ilk şarkı ; Rahmetli "Esen Gül'ün" Onu anlıma yaz Tanrım şarkısıydı. Öyle ki ; sevdasına hitaben söylediği şarkılarının çoğu halen gençlerimiz arasında büyük beğeni toplamaktadır . Her ne kadar kendisini eşi göstermeye çalışan şahıslar var olsa da Bergen yanlızca bir kişiyi sevdi. İlk ilişkisinden bir erkek çocuğu bulunmaktadır. Bergen'in öne çıkan en belirgin özelliği ise ; ailesine ve kendisine yapılan yanlışları asla sevmeyen , yardım sever dürüst olmasıdır . Bergen ismini ; kendisine veren ilk ve son sevdası olan akrabası Göksel isimli efsane kocası yurtdışında kalp krizinden rahmetli olmuştur.. http://tr.wikipedia.org/wiki/Bergen_%28Belgin_Sar%C4%B1lm%C4%B1%C5%9Fer%29

En İyi 10 Çeviri Blogu

1. Atominium the art of translation

Çeviriler ve Çevirmenler, Kültür, CAT, IT ve Teknoloji ipuçları

2. Beyond Words

ALTA'nın dil profesyonelleri çeviri, tercüme, dil testleri, ve dilin günümüz olayları ile kesişmesi ile ilgili konularda yorumlarda bulunuyor.

3. Translation Guy

Translation Guy hem yazar hem de okuyucular için çeviri işinin dönüşümünü takip edebileceğiniz bir blog

4. Separated by a common language

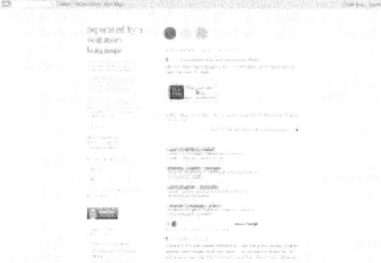

İngiltere'de yaşayan Amerikalı bir dilbilimcinin İngiliz ve Amerikan İngilizcesi üzerine gözlemleri

5. ATR Blog

Mütercim tercümanlar ve diğer dil profesyonelleri için Romence ve diğer dillerde haber, makale, anket ve özlü sözler

6. Translation Blog: Trusted Translations

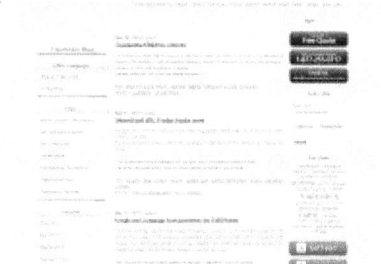

Çevirmenler ve çeviri alıcıları için tamamı profesyonel çeviri yapan kişilerce yazılmış ipuçları, tavsiyeler ve her türlü bilgi

7. Applied Language

Dil ve çeviri ile ilgili birçok yazı, bilgi ve içerik bulabileceğiniz bir site

8. Algo más que traducir

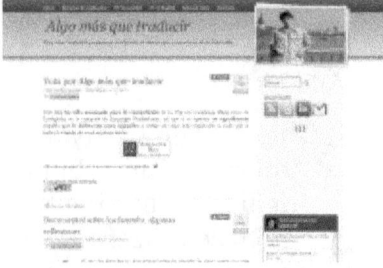

Bir çevirmenin sitesi..
İçinde birçok kaynak
bulabilirsiniz.

9. Words to good effect

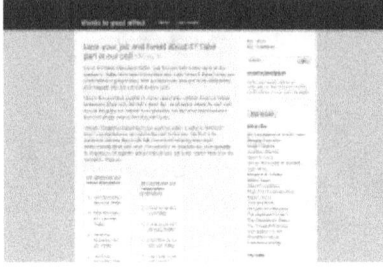

Web içeriği, dil ve çeviri ile
ilgili her türlü bilginin
bulunduğu bir blog.

10. Fritinancy

İsimler, markalar ve
İngiliz dilinin gariplikleri
hakkında bir blog

Arkadan Gelen Önden Gidenin Poposunu Görür

Beşiktaş'taki bir çeviri bürosundan arkadaşım **Yalın** başlıktakine benzer bir ifade kullanarak, çevirmenin hatalarını ancak son okumayı yapan kişi ya da kişilerin göreceğini, kendisinin hatalarını zor fark edeceğini anlatmak isterdi.. Belki de başkalarına poposunu göstermemek için, yaptığı çevirileri zor yolu kullanarak önce kendisi kontrol eder, çevirilerini sesli olarak bilgisayara okur, dinler ve bu arada İngilizce ve Türkçe metinleri karşılaştırırdı. Zor bir işti ama her iş için bu prosedürü uygulayarak mükemmeli yakalamaya çalışırdı. Hangi prosedürü uygularsa uygulasın, hataların bir kısmı sadece başkalarına görünür durumdadır aslında. Bazen aynaya bile baksanız -o kusursuz görüntü içinde- kusurları fark edemezsiniz. Böyle durumlarda başkasının size bakıp kusurlarınızı söylemesi daha akıllıcadır..

Yalın'ın yanına uğramayalı epey oluyor ama kural hala değişmedi: *arkadan gelen önden gidenin poposunu (hatasını) görür!*

Bundan kaçış da yok aslında. Uzun vadede poponuzu kurtarmanın yolu belki de hatalarınızı -müşterileriniz görmeden önce- meslektaşlarınızın görmesine izin vermekten geçiyor. Yine yıllar önce bir gemicilik şirketinde çalışırken yazdığım teleksleri kontrol eden müdürlerim sayesinde daha az hatalı yazılar yazmayı öğrendiğimi sanıyorum. Hatasız yazmayı öğrenmek zaten çok zor olduğu -ve hatasız olmak hiç de ilgimi çekmediği- için, bu kadar iddialı olmaya yeltenmedim bile.. Hep okunabilir yazılar kaleme almayı hayal ettim. Ufak tefek hataların yazının rengi olduğuna bile inandım zaman zaman.

Yalın şimdilerde ne yapıyor bilmiyorum ama eminim her zamanki gibi eşeği sağlam kazığa bağlamış, poposunu sağlama almıştır! Yalın kadar sabırlı olup yaptığınız her çeviriyi bilgisayara okuyup dinleyerek redakte edemezsiniz belki ama başkaları kaba kusurlarınızı görmeden önce bir büyüklük yapıp çevirilerinizi kontrol edebilir veya ettirebilirsiniz!

Yalın always watches his back.. So, you watch (or have someone watch) your back, too!

Yazılı ve Sözlü Çevirinin Kavşak Noktası:
Sight Translation

Dikkat çekmek için belki biraz abartıp **"Çevirmenin Ateşle İmtihanı: Sight Translation"** gibi bir başlık da kullanılabilirdi; ancak **kavşak noktası** tanımı cuk diye oturdu ve daha belirgin bir ifade oldu sanırım **sight translation** etkinliğinin nerede durduğunu vurgulamak bakımından. Mütercim Tercümanlık ifadesinin kendini belki de en iyi bulduğu alandır sight translation, ya da daha doğru ifadesiyle **sight interpreting**. Hem yazılı hem de sözlü etki alanlarını içine alması bakımından, **çevirinin kavşak noktası** da denebilir **sight translation** için.

Bu yönde çeviri talebinin azlığı nedeniyle şu ana kadar üzerinde çok durmamış olabileceğimiz **sight translation**, aslında çevirmenler için çok iyi bir tatbikat alanıdır. **"Practice makes perfect"** özlü sözünün gereğinin yerine getirilmesi her profesyonel etki alanında olduğu gibi çeviri etki alanında da bir zorunluluktur. Bu perspektiften bakıldığında, **sight translation** pratikleri hem mütercim hem de tercüman için zaferle çıkılacak bir muharebeye giden yoldaki manevra kabiliyetini artırıcı tatbikatlardır.

Çevirinin ne kadar zor bir zanaat olduğundan dem vurmak için çok zaman **"Çevirmen doğulur, çevirmen olunmaz"** deriz, ancak eğer bir kişi çevirmen doğmamışsa çevirmen olabilmesinin en hızlı yolu bu kavşaktan geçer; zira bu kavşakta bir mütercim ve bir tercümanın karşılaşabileceği her türlü riski önceden görme şansına sahiptir. Ancak bu kavşakta karşılaşabilir konferans tercümanlığının zorluklarıyla ve yine ancak bu kavşakta görebilir yazılı çevirmenliği gerektirdiği ustalığı..

Ne tarafından tarif edersek edelim, **sight translation** çevirmenin küçük dünyasının sınırlarının genişletilmesi yönünde tarifi imkânsız fırsatlar sunmaktadır. Mütercim tercümanlar hem **mükemmellik egosu**na ulaşmayı denemek hem de **kendini sürekli yenileme** adına bir kere de bu imkânlardan yararlanmayı denemelidir. Bu iki nitelik bir çevirmenin olmazsa olmazıdır. Ütopyalar ülkesinde yaşayan **mükemmellik sarayına ulaşmaya çalışmak** ve bir de **kendini sürekli yenileme gayretinde olmak**.. işte bunlar çevirmenin sürekli sığınması gereken son iki kaledir. Çevirmen ara ara bu iki kaleden dışarı çıksa da, tilkinin dönüp dolaşıp geleceği yer misali, çevirmenin de evirip çevirip günün sonunda büyük bir teselli ve kurtuluş bulacağı sığınaklar bunlardır. **Sight translation pratikleri** bu sığınaklar şehrinin altın anahtarıdır!

Çevirmenin Fondöteni: F7 Kısayolu

F7, her çeviri sonrası redaksiyon sürecinin başında basmanız gereken ve yaptığınız çevirideki kaba yazım ve gramer hatalarını bulup düzeltmenizi sağlayan bir **kısayol** tuşudur. Word ve Excel'de çalıştıktan sonra bu tuşa bastığınızda seçtiğiniz dilde yazım ve dilbilgisi kontrolü yapabilir, yaptığınız çeviride veya yazdığınız yazıdaki gözle görülür onlarca yanlışı düzeltebilirsiniz.

Yanlış yapmam demeyin! Shakespeare bile yanlış yapardı, ama günün sonunda yazdığını defalarca kontrol edip-ettirip, eserlerini mükemmele yakın ve hatta mükemmel hale getirirdi.

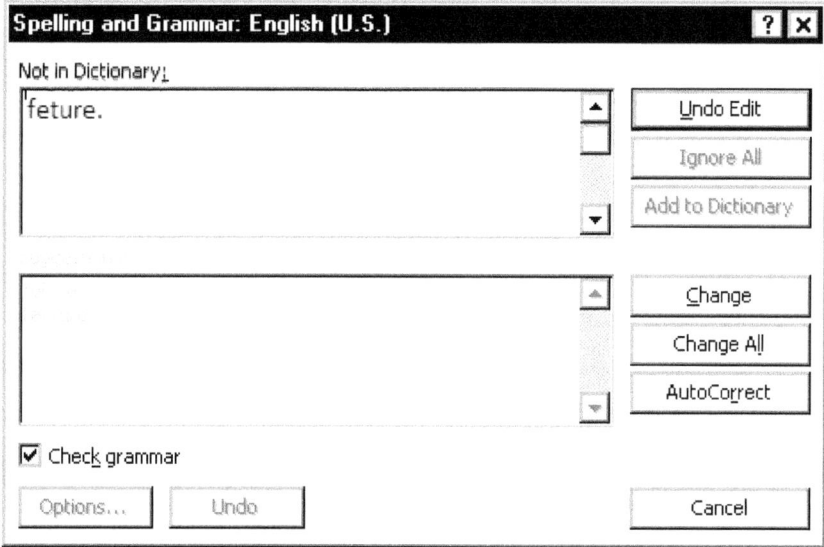

F7, aslında iyi bir çeviri için çevirmenin kullandığı fondöten gibidir.. **F7** kısayolu kullanılarak kontrolü yapılmamış bir yazı, tıpkı fondöten kullanılmamış bir surat gibi, üzerinde ne kadar düzeltme yapılırsa yapılsın güzel gözükmeyecektir. **F7 temel yazım denetimi aracıdır. F7** tuşu kötü bir çevirmeni iyi bir çevirmen yapmaz ancak iyi bir çevirmeni dört dörtlük bir çevirmen yapabilir! İyi bir çevirmen olduğunuzu düşünüyorsanız, yazılarınıza ve çevirilerinize her defasında F7 makyajı yapmayı ihmal etmeyin.

Tüm kısayollardan yararlanın. F7 kısayolunu da mesleki güzellik uzmanınız olarak kullanın!

Oyun Çevirileri ve Çeviri Yamaları

İnternet üzerinde yüzlerce milyonluk dev ve sadık bir kitleye sahip olan online oyun sektörü büyüyor ve Türkiye'nin de bu sektörde ağırlığı giderek artıyor. Örneğin **Mount&Blade: Warband** adlı Türk oyunu dünya genelinde 3 ayda 100.000 satış rakamına ulaşmış ve dünyada en çok oynanan ilk 25 oyun arasına girmiş durumda. Oyuna "TTNET Oyun" sitesinden ulaşılabiliyor. Oyuna sahip olmak isteyen oyuncular, SMS ile mobil ödeme seçeneğiyle veya ADSL faturasına yansıtarak, oyunu indirebiliyor.

Genel olarak amatör ve bazen de telif haklarını ihlal eden bir çaba olarak karşımıza çıkan oyun yamaları ve yama sektörü aslında çevirmenlerin hem kendilerini geliştirmeleri hem de iş çeşitlendirmesi yapmaları için uygun bir zemin gibi görünüyor. Hiç Türkiye'ye gelmemiş ve belki de hiç gelmeyecek onbinlerce oyun olduğu düşünülürse, bu oyunların Türkçe'ye kazandırılması ve Türkiye'de Türkçe hazırlanmış oyunların da onlarca dile çevrilmesi işi çok büyük bir faaliyet alanı olarak karşımızda duruyor. Çevrilmesi gereken dağ gibi oyun ve materyal yığını var aslında.. Onların sizden birşey istemelerini beklemeden, bu oyunları yapan geliştiren firmalarla çevirmen olarak iletişime geçin ve oyunları Türkçe'ye veya farklı dillere çevirmeyi teklif edin. Kimse Japonca veya İngilizce bir oyunun Türkiye'de Türkçe bir oyundan daha fazla kabul görmesini bekleyemez. Bu yüzden, bu fırsatı değerlendirip, bu eğlenceli çaba içine girin. Hem oyun sektörünü keşfedin hem de Türkiye'de geliştirilen oyunlarının tüm dünyada farklı dillerde oynanabilmesi için çözümün bir parçası olun.

İngilizce'ye oyun çevirilerinin yamaları bulunuyor. İngilizce fan çevirileri yapanların internetteki adresleri de Rom Hacking sitesi.

Atatürk de Çeviri Yaptı

Geçmişte hangi tarihi şahsiyetlerin çeviri yaptıklarını bilmek motivasyonumu her zaman artırmış, sinerjimi yükseltmiştir. Tarihimizdeki yüzlerce önemli şahsiyetin geçmişlerinin bir döneminde çok önemli eserleri Türkçe'ye kazandırdıklarını ve çevirinin sıradan insanların işi olmayıp, ciddi meziyetler gerektirdiğini başkalarına anlatmak için bundan daha iyi örnek olamaz.

Zaman zaman mesleğinize olan inancınızı kaybedebilir, ümitsizliğe kapılabilirsiniz. Böyle durumlarda kendinize bir iyilik yapın ve edebiyat, sanat, siyaset, moda ve iş dünyasında çeviri yapmış kişilerin özgeçmişlerinde çevirinin yerini ve önemini görmeye çalışın. Son zamanlarda gündemden düşmeyen ünlü ve başarılı teknik direktör ve taktisyen José Mourinho'nun geçmişinde tercümanlığın önemli bir yer tuttuğunu tüm dünya bilir, ancak birçoğumuz Atatürk'ün gençliğinde çeviri yaptığını bilmeyiz. Hâlbuki **Mustafa Kemal** de 3. Ordu Karargâhında görevli kıdemli kurmay yüzbaşı iken zekâsını göstermek ve dil becerilerini sergilemek için askeri konularda Almanca'dan Türkçe'ye kitap çevirileri yapmak yolunu seçmiş ve 1850–1936 yılları arasında yaşamış olan ünlü Alman Generali Litzmann tarafından yazılan iki askeri kitabı **Takımın Muharebe Talimi** ve **Bölüğün Muharebe Talimi** adlarıyla Türkçe'ye kazandırmıştır. **Takımın Muharebe Talimi** adlı çeviri kitapta, değişik hava koşullarında, tam mevcutlu bir takımın muhabere yöntemlerinin ne olması gerektiğini anlatıyordu. Bu koşullarda, avcı hattı oluşturulmak zorunluluğu ortaya çıktığında, bu hattın ateş muharebesinin nasıl olacağı belirtiliyordu. Esere ve Mustafa Kemal Paşa'ya göre, subaylar arazide yetiştirilmeliydi. Bunun için de tatbikatlar önemliydi. **Bölüğün Muharebe Talimi** adıyla yayınladığı kitap ise yerleşik yerlerde muharebe, savunma ve saldırı konularını içermekteydi. Yerleşik yerlerin kendine özgü savunma koşulları vardı. Bu durum, ister istemez hareketlere sınırlama getiriyordu. Ateş alanlarının temizlenmesi, ateş tutmayan ölü bölgelerin kapatılması, savunma düzeni, ilerleme ve ateş üstünlüğü gibi konular kitapta yer almaktadır.

Sıkıldığınız, yorulduğunuz, yaptığınız işten ümidinizi kestiğiniz zamanlarda size yol gösterecek, ilham verecek kişiler bulmakta zorlanmayacaksınız; yeter ki ufkunuzu geniş tutun, etrafınıza birazcık bakının. Unutmayalım ki tarihin sayfalarında karşımıza çıkan kişiler bize tek boyutlarıyla anlatılsalar da, aslında birçoğu farklı dallarda kendini geliştirmiş çok-boyutlu ve çok-yönlü kişiliklerdir. Ve Atatürk, kendi tarihimizde çok-yönlü kişiliklere verilebilecek en iyi örneklerin başında gelir.

Tercüme Bürosu Açmak: Aşk mı Seks mi?

Kimler tercüme bürosu açmalı?

Çok tartışılan konulardan biridir bu.. **Tercüme bürosu açma yetkisi** kimde olmalı? Herkes tercüme bürosu açabilmeli mi, yoksa bu **imtiyaz** birilerinde mi olmalı?

Mütercim tercümanlık ve dil bölümleri mezunlarının bir çoğu mezun olduktan sonra -eğer çeviri sektöründe kalacaklarsa- bir **tercüme bürosu açma fikri**ni akıllarından geçirirler. Haksız da değillerdir belki.. Ancak tercüme bürosu sahiplerinin ekser çoğunluğunun çevirmen olmayan kişiler olduğu ve bu kişiler arasında çok başarılılar olduğu gibi çok başarısızların da bulunduğu gerçeği üzerinde biraz düşünmeleri gerekir..

Şunu demek istiyorum: herhangi bir işletme açmak için ilk şart **iyi işletmecilik** bilmektir. Çok iyi boya yapıyor olabilirsiniz ama sizden bir müteahhit olmayabilir. Çok iyi diş çekiyor ve diş tedavisi yapıyor olabilirsiniz ama işletme bilgisi sizden iyi olan meslek-dışı bir kişi bir diş hastanesi açabilir ve pekâlâ başarılı idare edebilir.

Keşke tercüme bürolarını iyi işletme bilgisi olan ve bu sektöre sermaye koyabilecek kişiler açsa.. Açsa da, hem işletme bilgisi sayesinde sektöre bir kalite-kontrol sistemi gelse hem de parasal güçleri sayesinde tercümanlar mağdur olmasa..

Çevirmenler de -tıpkı diğer meslek erbabı gibi- mesleklerini zirvede görme ve kimsenin bu zirveye yanaşmasına tahammül etmeme eğilimindedirler. Aman çevirmenler dışında kimse çeviri yapmasın.. Aman mütercim tercümanlık mezunları dışında kimse tercüme bürosu açmasın..

Bu durumu **sap** ve **kazma** arasındaki bağlantı gibi görüyorum.. Yani tercümanlar **kazma**, büro işletmecileri de **sap**'tır! Sapla kazmayı birbirine karıştırmamak gerek.. Tek başına kazma ile bir iş görülmez; tıpkı tek başına sapın da bir anlam ifade etmeyeceği gibi.. Başına bir sap geçirmedikçe hiçbir kazma bir işe yaramaz! Bu durumu **menajer-futbolcu** ilişkisine de benzetebilirsiniz.. Tek başlarına ikisi de çok anlamlı olmaz çoğu zaman..

Evet, merkezde tercüman vardır ve uzaktan bakıldığında sadece tercümanın **işgören** kişi olduğu sanılır ancak aslında işletmeci **görünmez el**dir. **Aşk ve seks** arasındaki ilişkiye bile benzetilebilir bu garip durum. Yani çevirmen çeviriye platonik aşıktır ve sevgilisini en fazla okşamasına izin vardır; ancak çeviriyle seks yapan işletmecidir! Belki de çeviri yapanlar işletmecileri bu yüzden kıskanır biraz.. İşte tercüme bürosu açmak isteyen meslek erbabının vermek zorunda oldukları en zor karar budur. Aslında hepimiz doğru yolu çok iyi biliyoruz: hem sap hem kazma, hem menajer hem futbolcu, hem çevirmen hem işletmen, **hem aşk hem seks**..

Günümüz şartlarını da göz önüne alarak daha da öteye taşıyalım konuyu.. Hepimizin malumudur, futbol için sadece futbolcu ve menajer yeterli değildir; yöneticiler, taraftarlar, teknik direktörler, futbolcular, menajerler ve diğer birimlerden oluşan bir yapıdır futbol.. Aynı şekilde, sektörümüzün de işletmeciler, çevirmenler, redaktörler, lokalizörler, son-sunum tasarımcıları, proje yöneticileri ve diğer birimlerden oluşan bir yapı haline gelmesi için çalışmamız gerekiyor. Mütercim tercümanlık yapıp çeviri bürosu açmak isteyenlerin önünde bundan böyle iki seçenek olacak: ya tek başlarına serbest çevirmenlik yapacaklar ya da 11 kişilik bir futbol takımı gibi bir ekip halinde -ekibin her üyesine sonsuz saygı duyarak- organize hareket edecekler..

Yeminli Sözlük Kullanarak Tercüme Yapmak

Hiç aklımda yokken, 3 yıl kadar önce yaşadığım bir olay mevcutlardan farklı bir sözlük geliştirmem gerektiği kanısı oluşturdu bende. Aylarca hatta yıllarca çalışıp çevirmenlerin internet üzerinden her an kullanabilecekleri ve yeminli tercümanlar tarafından geliştirildiği ve yine daha çok yeminli tercümanların işlerine yarayacağı için **Yeminli Sözlük** adını verdiğim dev bir kaynak geliştirip, milyona yakın çevrilmiş İngilizce Türkçe cümleden oluşan bu veritabanını tüm mütercim tercümanların hizmetine sundum.

Kolay olmadı. Çok hata yaptım, çoğunu düzelttim. Bir kısmını hala ben ve birkaç yeminli tercüman arkadaşım düzeltiyoruz. Ancak zannediyorum belirli bir noktaya geldik artık. Şimdi site üzerinde son rötuşları yapıp siteye son görsel halini vermenin zamanı geldi. Bu yüzden siteyi çevirmenlere lanse etmek ve onlara Yeminli Sözlük sitesini kullanarak nasıl çeviri yapabileceklerini anlatmak istiyorum. Vaktinizi fazla almamak için anlatımı örneklerle yapmayı tercih ediyorum.

> Örnek 1- Tıbbi çeviri yaparken karşınıza, **"Bu olgular, bu köyde yaşayan başka olguların ve taşıyıcıların da olabileceğini düşündürdü."** şeklinde bir cümle çıktı ve bu cümlede **düşündürdü** kelimesinin anlamını bilmiyorsunuz. İnternetteki diğer sözlüklerde sadece **düşündürmek** kelimesini bulabilirsiniz; oysa Yeminli Sözlük size o kelimenin içinde kullanıldığı cümleleri verir. Arama yaparken arama boşluğuna **düşündürdü** yazarsanız karşınıza çıkan sonuçların içinde aradığınız karşılık hemen gözünüze çarpar: **suggested**.

> Örnek 2- Genel amaçlı bir çeviri yaparken karşınıza, **"The result accounts for the observation."** şeklinde bir ifade çıktı ve burada da **accounts for**

kelimesi için tam bir karşılık bulamadınız. Açın Yeminli Sözlük sitesini ve "**accounts for**" yazın. Sözlük size yine karşınıza birçok cümle örneği çıkaracak ve siz de kelimenin kullanıldığı cümlelerde birkaç saniye göz gezdirdikten sonra anlamının "**açıklıyor**" olduğunu ve bazı durumlarda da bu kelimenin "**oluşturur**" anlamında da kullanıldığını göreceksiniz.

Örnek 3- "**Can boğazdan gelir.**" sözünün anlamını öğrenmek istediniz. Sözlük'e girip sadece **boğazdan** bile yazsanız, bu **güzel gibi görünen söz**ün karşılığını hemen bulabilirsiniz.

Yeminli Sözlük size kelimeleri doğal ortamlarında ve en saf halleriyle sunar. Üstelik Yeminli Sözlük'te çeviri yapmak için siteye girmenize de gerek olmayabilir. Ben bazen Google'da bir kelimeyi ararken aradığım kelimenin yanına **Yeminli** yazarım ve kelimenin Yeminli Sözlük'teki karşılıklarına hemen ulaşırım.

Toptan fiyatına perakende kavramı, Yeminli Sözlük'ün fonksiyonunu çok iyi açıklıyor aslında! Aradığınız bir kelimenin hem anlamını hem de cümle içindeki kullanımını görüyorsunuz. Bu da sizi kelimenin sadece anlamını veren perakendeci Sözlük sitelerinden fersah fersah ileri götürecektir. Madem internette kelime aramak için zaman harcayacaksınız, o halde size toptan çözümler sunan Yeminli Sözlük sitesini es geçmeyin derim. Şunu da bilmenizi isterim: eksiklerimizi, yanlışlarımızı her gün düzeltiyoruz ve siteyi mükemmelleştirmek için elimizden geleni yapıyoruz!

Çevirmenlerin Burcu: İkizler

İkizler burcu olduğum için bazen burcumla ilgili yazılanlara göz atarım. Özellikle gazete köşelerinde safsatalar da bol olmakla birlikte İkizler ile ilgili genel özelliklerin onda dokuzunun beni doğru tanımladığını söyleyebilirim.

İkizler burcunda doğanların –hayal gücü ve teknik uzmanlık gerektiren ve sanatla ilgili başka mesleklerin yanında– yazarlık, redaktörlük, edebiyat eleştirmenliği, çevirmenlik, basın sözcülüğü, diplomatlık, kitapçılık, yayımcılık vb. entellektüel mesleklerde iyi oldukları yazılır genelde..

Yay ve Oğlak burçları için de benzer özellikler var olsa da – burçlardan aman aman anlamayan biri olarak– İkizler burcunun çevirmenlerin burcu olduğunu söylemek abartı olmaz sanırım! Tercüme büroları ve çevirmen arayan şirketler artık CV'lere göz atarken burçları da dikkate almalılar bence. Örneğin akrep burcundaki birinin çevirmen olmaya çalışması boşa çekilmiş bir kürek olabilir çoğu zaman. Dün görüştüğüm bir büro yetkilisi, kendilerine ulaşan 100 başvurudan (CV) sadece iki veya üç tanesinin çevirmen olabileceğini söylüyor. Diğerleri bu işte şansını denemek isteyenler.. ve maalesef bir çoğu bu meslekte helak oluyor.. Tabi onlarla birlikte bürolar ve müşteriler de:) Herkesi kendi mesleğinde ve kendine uygun işler yaparken görmek isteriz..

Sahi burçlar bu kadar etkili mi hayatımızda?

Kelime Sıklığını Bilmek Neden Önemlidir?

Elinizde 100 sayfalık bir çeviri var ve metin içinde belli kelimeler sıkça kullanılmış. Sık kullanılan bu kelimeleri işin başında **Ctrl+H** kullanarak (bulup değiştirip) çevirmek işinizi önemli oranda hızlandıracaktır!

Burada bu işi internet üzerinden yapabileceğiniz önemli bir kaynaktan bahsedeceğim size:

http://www.someya-net.com/00-class09/wordCount.html

Bu sayfada bulunan boş alana herhangi bir metin girdiğinizde, size o metindeki kelimeleri sıklık sırasına göre büyükten küçüğe doğru sıralar. Böylece metin içinde çok sık kullanılan kelimeleri daha işin başında Ctrl+H kullanarak çevirirseniz, bazı işlerde işin önemli bir kısmı çevrilmiş olacaktır. Bu yöntemin bir diğer faydası da çeviride **consistency** (süreklilik, insicam) sağlayacak olmasıdır. Örneğin çevirinin başında **agreement** için **anlaşma** kelimesini kullandıysanız, metnin sonuna kadar aynı kelimeyi kullanmış olursunuz.

Denemek amacıyla bir sözleşmenin İngilizce metnini sayfaya yapıştırarak Submit butonuna bastım, aşağıdaki sonuçları verdi site:

No.	Freq.	Word
1	68	of
2	61	the
3	51	or
4	38	and
5	38	to
6	37	SELLER
7	35	in
8	31	any
9	30	BUYER

10	29	be
11	25	Product
12	23	Agreement
13	22	by
14	17	will
15	15	shall
16	15	this
17	13	other
18	13	not
19	12	for
20	11	all
21	11	such
22	11	its
23	11	with

Bu listeye bakarak metni analiz etmeniz ve en sık kullanılan kelimeleri işin başında topluca çevirmeniz (Ctrl+H kullanarak) mümkün.. Tabi benim elimdeki örnek metinden çok daha fazla tekrarlı sözcük içeren metinler de çıkacaktır karşınıza..

İşlerini %10-20 kolaylaştırmak için tüm tercümanlara tavsiye ederim...

Tercümanlar için 10 Emir

1-Meslekte tecrübeli bir tercüman belirleyip onun yolundan gidecek, ondan ders ve ilham alacaksın!

2-Okuyacaksın, araştıracaksın, konuşacaksın, kendini geliştireceksin, bildiklerini canlı tutacaksın!

3-Yeni çeviri tekniklerini takip edecek, bu tekniklerden birinde veya bir kaçında zirveleşeceksin!

4-Sana teklif edilen her çeviri işine Evet demeyecek, Evet dediklerini layıkıyla yapacaksın!

5-Yaptığın her çeviriyi hem şekil hem de içerik bakımından her zaman kontrol edecek ve ettireceksin!

6-Amatör ve çalışkan bir ruhla profesyonel ve titiz işler çıkaracak, mesleğinle bütünleşeceksin!

7-Yaptığın her işi herkesin önünde sergileyebilecek durumda olacak, altlarına imzanı atabileceksin!

8-Bir veya birkaç uzmanlık sahasında usta olacak, diğerlerinde de kesinlikle çırak kalmayacaksın!

9-Bildiklerini elinden geldiğince senden sonrakilere öğreterek aktaracak, ellerinden tutacaksın!

10-Gerçek zenginliğinin kişisel donanımın olduğunu bilecek ve paranın peşinde koşmayacaksın!

Patlıcana Neden Eggplant Diyorlar?

Karşılaştığımız her kelimenin bir hikâyesi olduğunu biliyoruz. Bazen etimoloji kaynaklarına bakıp sözcüklerin geçmişlerini öğrenmeye çalışıyorum. Bu işten çoğu zaman epey zevk bile alıyorum:)
Epeydir aklımda olan ama soyağacına ancak bugün bakabildiğim bir sözcük var: İngilizce'de **yumurta bitkisi** anlamına gelen **eggplant**. Kısacık bir araştırmadan sonra patlıcana neden yumurta bitkisi dediklerini öğrenince biraz gülümsedim. Hiçbir şey sebepsiz olmuyor demek ki, dedim kendi kendime.. Meğer Avrupalılar onsekizinci yüzyılın ortasında patlıcanın beyaz çeşidine kaz yumurtasına benzediği için **eggplant** demişler. Bizler yumurtaya benzeyen patlıcan görmediğimiz için bize garip geliyor tabi ancak örneğin **thai eggplant** denen çeşit tamamen yumurta şeklinde..

Aslında patlıcan (bildiğimiz mor patlıcan) kelimesinin İngiliz dilindeki diğer karşılığı olan **aubergine** sözcüğünün geçmişi de oldukça ilginç.. Kelimenin sözlük serüvenine bakar mısınız: İspanyolca alberge, Katalanca alberginera, Portekizce beringela, Fransızca aubergine, İtalyanca melanzana, İngilizce melongene (ya da eggplant, aubergine, brinjal, guinea squash), Latince solanum melongena, Arapça al-badinjan, Türkçe patlıcan, Farsça badin-gan, Sanskritçe vatin-ganah vs.. Bu arada Türkiye'nin dünyanın en büyük dördüncü patlıcan üreticisi olduğunu da hatırlatalım.. Kelimeleri **uçan halı** gibi kullanıp üzerlerine bindiğinizde sizi götürdükleri yerler bazen epey şaşırtıcı olabiliyor.

Redaktörden Gelen Çeviri Neye Benzer?

Bu sayfalarda sürekli olarak redaksiyonun ve son kontrolün öneminden bahsedip duruyorum. Özellikle Türkçe'den diğer dillere doğru yapılan çevirilerde redaktör kullanımı bir zorunluluktur.

Redaktörler profesyonel çeviri sürecinin bir parçasıdır. Eşinize, dostunuza, arkadaşınıza çeviri yapıyorsanız kimse size redaktör kullanmamanın hesabını sormaz belki ama önümüzdeki yıllarda çevirilerde redaktör kullanıp kullanmadığınızı müşterileriniz sormaya başlayacak. Serbest çevirmenlik yapıyorsanız, çeviri yaptığınız dilde bulacağınız bir redaktörle sürekli çalışabilirsiniz. Bu şekilde hem siz yaptığınız işi geliştirmiş olursunuz hem de müşteriniz yapılan işten tatmin olmuş olur. Tabi Türkçe'ye doğru yapılan çevirilerde de son okumanın üçüncü bir göz tarafından yapılması gerektiğini unutmamak gerek.

Aşağıda redaktörün bazı çeviriler üzerinde yaptığı düzeltmelere örnekler bulacaksınız. Bu örnekler size redaktör kullanmanız gerektiğini hatırlatmalıdır.

Kısaca söylemek gerekirse, redaktör kontrolü olmadan müşterinize çeviri teslim ettiğinizde onlarca ve hatta yüzlerce hatanız müşteriye gider! Bunun önüne geçmek sizin elinizde. Çevirmenseniz, en iyi arkadaşlarınızdan biri mutlaka bir redaktör olmalıdır!

Redaktörden gelen çeviri aşağı-yukarı neye benzer görmek isterseniz, aşağıdaki örnekleri inceleyin isterseniz.

Study Design: A ~~T~~total of 60 healthy women who were scheduled for cesarean delivery under general anesthesia were enrolled in the study. ~~Our study~~ The population of the study was~~were~~ randomized to abdominal IHII nerve blockage either with levobupivacaine (levobupivacaine

All patients received a PCA device upon arrival at the, ~~when arrived to~~ recovery room and received a loading dose of intravenous morphine, 0.1 mg per kg, by PCA for initiation, The PCA device was set for 1 mg bolus dose with 10 min lock-up interval. Presence and adequacy of the IHII block were blindly assessed by the pinprick test in the recovery room, after the patient ~~was completely awakened~~had completely gained consciousness. VAS score (t~~T~~he

While SLNB is a commonly accepted method today, ~~there's a considerable loss of time in~~ removing the SLN during the surgery causes a considerable loss of time (9-11). In addition, SLNB is not ~~a~~an entirely perfect ~~completely a perfectaccurate~~procedure~~.~~, with potentially no available SLN ~~detected~~that provides information in some patients or some patients may exhibit involvement of more than 3 SLNs (12). If axillary metastasis can be detected in the preoperative period, the SLNB step can be omitted ~~to directly perform~~and ALND can be performed directly. The efforts ~~i~~on developing new imaging methods for the pre-operative

decreased deaths from breast cancer and the risk of recurrence. Since ~~the~~systemic adjuvant therapy involves certain risks, it is of importance to determine ~~importantly,~~the patient group that would most~~to~~ benefit ~~most should be determined~~from the treatment. The purpose of ~~the~~ adjuvant therapy is to eliminate the distant micrometastatic foci. Therefore, attempts are made to detect ~~those with~~clinically silent micrometastatic disease ~~are tried to be detected~~using prognostic factors. Using the predictive factors, the most appropriate individualized therapy is

Gözden Irak Gönülden Irak

Çevirmenin hizmetlerini duyurması -pazarlaması- özel çaba gerektiren bir durumdur. Okulunu bitiren herkesi hemen güzel işe yerleştiren ve yağlı bir maaş veren bir sistem geliştirilmedi henüz. Herkes kendi işini bulmak, kurmak ya da geliştirmek durumunda.

Çevirmen olarak bir büroda, kurumda veya şirkette çalışabilirsiniz; böyle bir durumda müşteri bulmakla uğraşmanız gerekmez. Ancak kendi işinizi de kursanız, serbest tercümanlık da yapsanız, müşteri portföyünüzü geliştirmekle uğraşmak durumunda kalırsınız.

Bu da düzenli bir pazarlama ve takip gerektiren bir süreçtir. Öncelikle referanslarınız ve iş deneyimlerinizi anlatan dolu bir CV ve internet sitesi oluşturup hedef kitlenizi basit bir dille ikna etmeniz gerekir. Sonrasında email, faks ve posta adresleri bulup bu adreslerden her gün örneğin 10 tanesine CV'nizi göndermeniz ve gönderdiğiniz büro, şirket veya müşterileri arayıp aldıklarından emin olmanız gerekir. Sadece email göndermekle iş bitmiş olmuyor. Telefonla arayıp kontrol etmeniz ve hatırlatmanız gerekir döngünün tamamlanabilmesi için.

Tüm bunları yaparken unutulmaması gereken en önemli konu bence gözden ırak kalmamaktır. **Piyasa** denen yapı canlı bir organizmadır! Bu organizmaya kendinizi arada bir göstermeniz gerekir ki bu organizma sizi **aktif** biri olarak görmeye devam etsin! Bir şirket, müşteri veya büro ile tanıştıktan sonra belli aralıklarla ziyaret ederseniz gönüllerinden çıkmamış olursunuz. Emin olun, piyasada işlerin büyük kısmı bu şekilde el değiştirir, alınır-verilir.

Milyonlarca dolarlık bir sürü büyük iş bir kahve içimi sırasında kurulan sıcak bir muhabbet sonucunda alınmıştır. Bazen bir yerde tanıştığınız veya bir arkadaşınızın size tanıştırdığı bir kişiden hiç ummadığınız kadar çok iş alabilirsiniz. Bu nedenle, kartvizitinizi her zaman yanınızda bulundurun ve tanıştığınız kişilere verin. Ancak beleşçilere dikkat edin! Sizinle tanıştı diye size beleşe iş yaptırmak isteyenler olabilir. Hizmetinizin ücretini karşı tarafa her zaman açıkça söylediğinizden emin olun; yazılı ve sözlü olarak. Kimseyi beleşe alıştırmayın.

Gözden ırak olmayın, gönülden ırak kalmayın. Arada bir sektörel toplantılara, seminerlere katılın. Yazılı-sözlü çevirmenlerle tanışın. Şunu bilin ki tanıştığınız iki kişiden birinin size kesinlikle ihtiyacı vardır, çünkü piyasada her yıl çevrilmesi gereken milyonlarca sayfa iş vardır. Savaş falan çıkmadıkça, iş hiç azalmaz. Krizde bile azalmaz; fiyatlar düşer sadece o karamsar hava içinde.

Sektör içinde isminizden söz ettirmek için bir kitap yazın, makaleler kaleme alıp yayınlayın, çeşitli yerlerde seminerlerde konuşun. Adınızı ön plana çıkarın. Bu gözden ırak olmanızın önüne geçecektir. Üstelik, isminizin ön planda olması aldığınız ücreti de olumlu etkileyecek, herkesin 10 aldığı işten siz 15 kazanacaksınız.

Unutmayın, pazarlama süreklilik ister. 15 günde bir kez de olsa bir kurumu/büroyu/şirketi/müşteriyi ziyaret edin! **KAPI KAPIYI AÇAR!**

En İyi Tercümanlar Sosyopat mıdır?

Sosyopat'ın Ekşi'de "ileri zekâ nedeniyle rastlanan topluma uyum sorunu" diye tanımlamış ekşi-bilirkişimiz. Başlığı benim atmış olmamdan en iyi(ler arasında) olduğum sonucunu çıkarmadan okuyun bu yazıyı.

Bu soruya benim cevabım hiç beklemeden Evet olurdu herhalde. Aslında belki de çevirmenler ileri zekâ nedeniyle yapıyorlar bu işi. Zekâlarını dökebilecekleri mesleklerin sayısı oldukça sınırlı ve toplumun en zeki, okumuş ve elit kesimi bu mesleği kendilerini ifade edebilmenin bir biçimi olarak görüyor dersek abartmış olmayız herhalde. Meslek onları -özellikle maddi ve manevi haz verme noktasında- hak ediyor gerçi ama, onlar yine de masa başında asosyal kalıp çeviri yapmayı tercih ederler ruhlarına işkence edercesine! Üstelik de etrafta onları maddi ve manevi daha çok tatmin edebilecek bir sürü iş olanağı varken yaparlar bunu..

"Bu kişilerde vicdan duygusu gelişmediği için rahatlıkla suç işleme eğilimi vardır. Pek de zeki olduklarından tehlikelidirler." diye devam etmiş Ekşi'de aynı kişi.

Bazıları büroları düşmanı olarak görür. Bazıları kendilerinin sömürüldüğünü düşünür ama her nedense müşteri ile yüz-yüze gelmek ve onunla çene çalmak zahmetine girerek işin idari ve bürokratik kısmını halletmek suretiyle o zeki insanları hiç girmek istemedikleri bataklıktan kurtaran büroların da bu işte bir hakkı olabileceğini hiç düşünmez.

Bilgisayarla çok haşır neşir olmaktan mıdır, habire yazmak ve okumaktan mı, yoksa ağaçların bahar aylarında çiçeklenmesini bile görememelerinden veya sıradan hayatın basit koşuşturmacaları ve zevkleri içinde yer alamamalarından mıdır nedir, çevirmenler ve sosyopati arasında bir bağ kuranların sayısı artıyor bu günlerde.

Ben, bize sosyopat diyenlerin yalancısıyım ama galiba bahar aylarında daha çok sokaklarda olmalıyız. Sahi kaç yıl oldu arkadaşlarınızla gecenin 5'ine kadar oturup muhabbet etmeyişiniz? Kaç yıldır güzelim bahar aylarını evinizde veya büronuzun kapalı bir odasında geçiriyorsunuz? Sıradan insanların sıradan konuşmalarından zevk almıyor musunuz artık? İnsanlar hemen çekip gitseler de bilgisayarımın başına geçip internete girsem veya sonrasında biraz çeviri yapsam diye mi geçiriyorsunuz içinizden? Kendinize dikkat edin.

Nükleer Enerji Santralinde Çeviri Yapmak

Çeviri işi, doğası gereği, çevirmenleri birçok sektör ve birçok faaliyet alanı konusunda ciddi bilgi ve birikim sahibi yapar. Çoğumuz defalarca birçok şirkete, fabrikaya, karakola, mahkemeye, notere, limana, devlet dairesine, konferans salonlarına, otellere vs. bizzat gidip yazılı/sözlü çeviriler yapmışızdır.

Aslında bu yazıda çeviri bürolarına ve işletmelerine bir önerim olacak. Önerim şudur: çeviri büroları çevirmenlerini rotasyonla sürekli müşterilerinden bazılarının fabrikalarına/işyerlerine vs. göndersinler ilgili müşterinin işlerini **yerinde** yapmak üzere. Örneğin, Arçelik firması ile çalışıyorsunuz. Firmayı arayıp şunu diyebiliriz: "Son gönderdiğiniz projeyi çevirmenimiz fabrikanızda gelip yapabilir mi? Bunun için bir masa/bilgisayar ayırmanız mümkün müdür? Bu şekilde çevirmenimiz firmanızın faaliyet alanını yerinde görerek saha tecrübesi kazanacak, sizlerle tanışıp sektörünüz hakkında genel bir izlenim edinecek ve çevirilerinizi de bu bilgi birikimiyle daha sağlıklı yapacaktır."

Öncesinde tercümana bir "gizlilik ve müşteri ile sonradan bağlantı kurmama sözleşmesi" adı altında bir sayfalık yazı imzalatarak bu tür bir girişimde bulunsa bürolarımız, sanırım bir iki sene içinde piyasada çok daha bilgili ve deneyimli tercümanlar (çevirmenler) görme şansımız olur.

Örneğin metro, köprü/baraj projelerinin çevirilerini birçok büro yapmıştır; ama milyarlarca dolarlık bu projeler yapılırken kaç tercümanı bu işlere angaje ederek yerinde mühendislerle diyalog kurdurarak yetiştirebildik? Çok sınırlı sayıda..

Türkiye'de şu anda binlerce maden sahası var. Kaç tercüman bir maden sahasına gidip maden şirketinin oradaki bürosunda yaptı şirketin işlerini? Veya kaç tercümanımız bir termik santral içine girdi? Kaçımız bir gökdelen veya araba yapımını gözlemleme fırsatı buldu? Kaçımız F16 fabrikasına girdi? Kaçımız uluslararası bir mahkemede tercümanlık yaptı? Kaçımız bir gemi inşa firmasının tersanesinde birkaç ay bulunup süreci başından sonuna anlamaya çalıştı?

Zannediyorum, eksik taraflarımız soruları sordukça daha fazla ortaya çıkıyor. Evet, biliyorum birçok kurumda kurum-içi tercümanlar çalışıyor zaten! Meclis'te 50-100 kişi, Sağlık Bakanlığında Dışişlerinde, MİT'te, TRT'de binlerce kişi çalışıyor. Ancak Türkiye'de part/full time tercümanlık yapanların %5-10'u çalışıyor bu kurumlarda. Kalan %90-95 kendi çalıp kendi oynuyor.

Çeviri bürolarına teklifimi yineliyorum: tercümanlarınızı sahaya çıkarın, yedek kulübesinde oturtmayın. Ancak sahada kazanılır tecrübe. Şirketlerde/fabrikalarda tercümanlarınız için masalar kurdurun, çevirilerinizin bir kısmını müşterinizin ortamında yapın! Bu, hem tercümanı yetiştirir hem de sizin müşteri ile ilişkinizi pekiştirir!

Hayat kısa. Bu kısa hayatta nükleer santralin içinde, altın madeninin yanında, uçak fabrikasında çeviri yapamadıktan ya da hatta bir gazetede bir yazarın köşe yazısını onun odasında çeviremedikten sonra ne anladık bu hayattan?

Büyüme Zamanı: Globalizasyon ve Lokalizasyon

Lokalizasyon Nedir?

İnternet, serbest ticaret anlaşmaları ve Harry Potter'ın ortak özelliği nedir? Bunların tümü yaşamlarımızı derinden etkilemiş ve bizleri bir araya getirerek yaşadığımız dünyayı global bir köye dönüştürmüştür.

Baidu arama motoru Çin'de Google'dan daha iyi bir yerde. Neden? Dil yüzünden. Amazon sadece yerleşmiş pazarlara ulaşabiliyor. Neden? Dilin getirdiği engeller ve maliyetler yüzünden. Urduca konuşanlar oyun konsollarında strateji oyunlarından ziyade yarış oyunları oynamayı sever. Neden? Oyunlar kendi dillerine çevrilmemiştir ve yarış oyunlarını anlaması daha kolaydır da ondan.

Dil, global bir köy ve global bir ekonomi haline gelen dünyanın önünde bir müşkül olarak durmaya devam ediyor.

Globalizasyon ve Lokalizasyon Derneği (*www.gala-global.org*) dünyanın her yerinden **lokalizasyon, çeviri, uluslararasılaştırma** ve **globalizasyon** sahalarında uzman üyelerden oluşmaktadır. Bu üyeler her gün şirketlere, kar amacı gütmeyen örgütlere ve devletlere hedef kitleleri ile etkili bir iletişim kurma konusunda yardım etmektedirler.

Küçük İşletmelerden Dev Şirketlere

Şimdilerde lokalizasyon olarak anılan sektör 1970lerin sonlarında ortaya çıkmıştır. O tarihlerde genellikle serbest olarak veya üniversitelerde çalışan tercümanlar daha profesyonel dil hizmetleri sunabilecek şirketler kurmaya başladılar. Ortaya çıkan bu **Dil Hizmetleri Sağlayıcıları (LSPler)** salt çeviriden çok daha fazlasını sunmak için hızlı bir şekilde geliştiler. Proje yönetiminde uzmanlaşarak yayıncılardan orijinal içeriği alıp bu içeriği ilgili konuda uzmanlığı ve eğitimi olan profesyonel tercümanlara çevirtir hale geldiler. Aynı zamanda tercümanlar, editörler ve redaktörlerle tüm süreci yönetmeye de başladılar. Kısa bir süre içinde kendilerini çevirisi yapılan içeriğe yönelik tasarım ve basım hizmetleri de sunacak şekilde büyüttüler.

Sektör büyüdükçe **LSPler** hizmetlerini iyileştirmek için teknolojiyi kullanmaya başladılar. Lokalizasyon sektörü doğası gereği farklı yerlerde çalışan dil uzmanlarından oluşan uluslararası bir sektör ve aslında tam anlamıyla bir kıyı-ötesi iştir. Dolayısıyla da, doğal olarak **LSPler** bilgisayarlar ve çevirmeli modemleri ilk kullanan kurumlardan olmuşlardır. **Çeviri Belleği (TM)** ve iş akışı yönetim teknolojileri de daha o tarihlerde oluşturuldu ve lokalizasyon sektörünün standart araçları haline dönüştü.

Ortaklıklardan Şirket Alım ve Birleşmelerine

Neredeyse en başından bu yana, lokalizasyon sektörünü birleşme akımları şekillendirdi. Tabi dünyanın birçok yerinde sayısız küçük hizmet sağlayıcı da hayatiyetini sürdürüyor. Ancak şirketler büyüdükçe, daha büyük müşterilerine daha kapsamlı hizmetler sunmak için birleşme ya da başka şirketleri satın alma yoluna gitmişlerdir. Böylelikle, örneğin Alpnet, Sykes ve Trados'u **SDL**; Mendez, Berlitz, Planet Leap ve Bowne'ı da **Lionbridge** satın almıştır.

Sektördeki Oyuncular

Peki sektörün şimdiki oyuncuları kimler? Dünya genelinde 5,000'in üzerinde dil hizmeti sağlayıcısı olduğu tahmin ediliyor. Bunların birçoğu hala daha birkaç çalışanı olan ve tek bir dil çiftinde (mesela, Arapça-İngilizce-Arapça) uzmanlaşan aile işletmeleri; bunlara **SLVler (Tek-Dil Sağlayıcılar)** deniyor. Tabi sektörde her türlü içerik ve tüm diller için çeşitli teknoloji ve süreçler kullanan çok-uluslu oyuncular da var. Bu **Çok-Dil Sağlayıcılar (MLVler)** arasında dünyanın her yanında ofisleri bulunan **Lionbridge** ve **SDL** gibi büyük şirketler ve **ENLASO** ve **McElroy Translation** gibi tek bir adresi bulunan şirketler bulunmaktadır. Bir de **Skrivanek** ve **Argos Translations** gibi **Bölgesel MLVler** adı verilen ve tek bir bölgeye ve coğrafi alana (mesela Doğu Avrupa) yönelik hizmet sağlayan gelişmekte olan bir şirketler grubu var.

Lokalizasyon Sağlayıcısının Görevi

Yerelleştirme ihtiyacı duyan birçok şirketin bünyesinde ya bir lokalizasyon birimi vardır ya da bu tür şirketler lokalizasyon sağlayıcıları ile çalışmaktadır.

Dil hizmeti sağlayıcıları gibi lokalizasyon sağlayıcıları global bir ürünün yerel bir pazara nasıl sokulacağı konusunda uzmandırlar. Dil, kültür, mevzuat ve diğer konularda hedef yerel pazarları analiz edip onlara uygun çözümler geliştirerek müşterilerine yardımcı olurlar.

Hizmet sağlayıcının görevi kolaylıkla anlaşılmalıdır. Örneğin, yazılım lokalizasyonu bağlamında hizmet sağlayıcı aşağıdaki hizmetleri verebilmelidir:

* teknik dokümanların çevirisi yapılmış, mizanpajı yapılmış ve dil kullanımı gözden geçirilmiş çıktıları
* (online yardım olarak da anılan) online teknik dokümanların çevirisi yapılmış, mizanpajı yapılmış ve dil kullanımı gözden geçirilmiş ve test edilmiş çıktıları
* yardımcı materyallerin çevirisi yapılmış, mizanpajı yapılmış ve dil kullanımı gözden geçirilmiş çıktıları
* çevirisi yapılmış, mizanpajı yapılmış ve dil kullanımı gözden geçirilmiş ve Kullanıcı Arabirimi test edilmiş yazılım
Bu arada, müşterinin görevleri de şunlardır:
* Orijinal içerik (mümkünse uluslararasılaştırılmış içerik) sağlama
* Hangi içeriklerin lokalize edileceğini belirleme
* Kullanılacak terminolojinin seçilmesi ve onaylanması

Lokalizasyon Sağlayıcının Seçilmesi

Lokalizasyon sağlayıcıları uzun-vadeli bir ortak olarak görülmelidir, bu nedenle lokalizasyon sağlayıcısı dikkatlice seçilmelidir. Başlangıç olarak, şu adımları izleyin:
* Potansiyel hizmet sağlayıcıların yerini belirleyin
* Tartışın ve işe duyarlılığını test edin
* RFP (Teklif Talebi) gönderip göndermeyeceğinizi belirleyin
* Elmalarla elmaları karşılaştırın
* Seçiminizi seçim kriterlerinize, şartlara ve araştırmalara göre yapın
* Adaylarla görüşün: sorulması gereken soruları belirleyin
Kapsamı daralttıktan sonra, seçeceğiniz hizmet sağlayıcısına aşağıdaki kriterleri uygulayın:
* Teknik yetkinlik
* Benzer proje deneyimleri; referansları
* Kaliteye ve müşteri odaklı hizmete tam bağlılığı
* İletişim süreçleri
* Güvenilirlik ve kanıtlanmış takip
* Uzun-vadeli ilişki geliştirme istekliliği
* Gerekli kaynakların bulunup bulunmadığı
* Fiyat konusunda mutlak netlik – ortanca fiyatın %10-15'i aralığında olmalıdır

Global İçerik Yönetimi

İçerik oluşturmak, yönetmek ve yayın(m)lamak için, uygun bir İçerik Yönetim Sisteminiz (CMS) olması gerekir. Uygun bir ürün, birkaç dilde içerik oluşturulması ve yönetimini destekler. Bu noktada [iki-bitli karakter desteğinden (sistem Japonca gibi resim-şekil karışımı karakterleri görüntüleyebiliyor mu?) şifreleme konularına (UTF-8 gereklidir), içerik sisteminin çok sayıda sayfayı birbirleriyle doğru şekilde bağlantılı halde tutabilme kabiliyetine kadar] dikkate alınabilecek birçok unsur vardır. Doğru bir İçerik Yönetim Sistemiyle, çok-dilli içeriğin oluşturulması ve yönetimi çok daha kolay ve etkin olacaktır.

Çeviri Belleği (TM)

Dünyayı yeniden keşfetmemek için, çeviri belleği çevirmenlere veritabanlarında tutulan geçmiş çevirileri kullanarak bir adım önde başlama olanağı sağlar. Genellikle belirli uzmanlık alanlarında uzmanlaşan çevirmenler sık kullanılan kelime ve ifadeleri bellekte tutarak her yeni çeviride bunlara erişmek için TM kullanırlar ve bu durum her çeviride çeviri sürecini hızlandırır.

Makine Çevirisi (MT)

Genellikle kurala-dayalı ya da istatistiksel olarak adlandırılan makine çevirisi içeriğin tam çevirisini sağlamak için teknolojiyi kullanır. Makine çevirisi ile yapılan çeviriler genellikle milyonlarca kelimeden oluşan çok büyük projelerde kullanılır ve bundan dolayı dünya genelinde daha geniş bir hedef kitle için daha büyük bir içeriği erişilebilir hale getirmişlerdir. Makine çevirisi genellikle belirli bir alanda ihtisaslaşan uzman bir çevirmenin çevireceği içerikteki kelime sayısını daraltmak için kullanılır.

Proje Yönetimi / İş Akışı Teknolojileri

Genellikle Çeviri Yönetim Sistemleri (TMS) olarak adlandırılan bu teknolojiler tüm çeviri sürecini yönlendirerek işlerin daha hızlı akmasını sağlarlar. Bu sistemler, bir dil sağlayıcısına orijinal içeriğin gönderilmesi için basit süreçleri, çeviri sürecinde çalışmalarına önderlik etme yolları, evrelerin yumuşak bir şekilde ve gecikme olmadan redakte ve test edilmesi ve çevrilen işin ilk içerik sahibine nihai sunumunu hazırlama yöntemlerini içerir.

Kaynak: http://www.gala-global.org

Redaktör Kullanıyor musunuz?

Çeviri zor iş.. Üstüne bir de her günün kendi stresi, iş yükü ve aceleciliği girince yaptığımız iş bazen saç-baş yoldurucu bir hal alabiliyor. Türkiye'de çevirmenler ve tercüme büroları genelde özellikle İngilizce'ye (ve diğer yabancı dillere) doğru yapılan çeviriler için **redaktör** (düzeltmen, kontrolör) kullanmazlar. Piyasada oluşan çeviri fiyatları ve tercüme bürolarının diğer giderleri de bu süreci zorlaştıran bir başka etkendir..

Zannediyorum eskiden yapılan çevirilerde daha çok redaktör (musahhih, tashihçi) kullanılıyordu. Eski çevirileri incelediğim zaman –içlerinde yanlışlar olmakla beraber– dilin daha akıcı ve zengin olduğuna tanık olurum genelde. Bunun sebeplerinden biri ortalıkta dolaşan (sirkülasyon halindeki) metin ve belge sayısının sınırlılığı olsa da diğer sebebi mükemmelliyetçilik sanırım. Eskilerde **perfectionist** (yaptığı işte mükemmeli yakalamaya çalışan) olanların sayısı daha çoktu gibi geliyor bana. İnsanlar bir ölçüde emekleri ve alın terleriyle var oluyorlardı. Şimdilerde emeğe ve alın terine verilen değer azalmış görünüyor.

Silkelenmenin zamanı geldi de geçiyor. Artık yaptığımız işlere biraz daha özen göstermeli ve özellikle kendi dilimiz dışındaki bir dile doğru yaptığımız çevirilerde redaktör kullanmalıyız. Ben de pek redaktör kullanan biri değildim. Çok zaman yaptığım işleri müşteriye doğrudan gönderirdim. Bazen kontrol etmeye bile zamanım olmazdı. Tercüme büroları da tercümanlardan gelen işleri bazen üstünkörü de olsa kontrol ediyorlar ancak çoğu kez gözden kaçan çok hata ve eksik oluyor. Üstelik kontrolden ve redaksiyondan kastım metne 5 dakika bakıp 2 hatayı düzeltmek demek de değil.. adamakıllı bir **doğrulama** yapılmalı! Şimdilerde İngilizce'ye çevirdiğim metinleri İngiliz bir redaktör arkadaşa gönderip müşterilere ondan gelen son halini göndermeye çalışıyorum. Çalıştığım büro da özellikle akademik metinleri kendi redaktörüne kontrol ettiriyor ve böylece her iş için üzerimize düşen **due diligence**'ın (özen borcu) gereğini yapmış oluyoruz!

Bu mesleği icra edenler olarak hepimizin **duty of constant due diligence falling to professionals** bakımından hem yasal hem de ahlaki zorunluluklarımız olduğunu unutmamamız ve yaptığımız her işi **üzerimize düşen sürekli özen borcunu** da gözeterek yapıp sonuçlandırmamız gerekir!

IN MARGIN	IN TEXT		IN MARGIN	IN TEXT
a	insert word or letter		*sc*	set in small capital letters (SMALL CAPITAL LETTERS)
e	delete; delete and close up space		*cap*	change from lowercase to capital (Capital)
	close up space		*ital*	set in italic or slanted type (*italic*)
#	insert space		*rom*	set in Roman type (Roman)
eq #	equalize space; make space between words or lines equal		*bf*	set in boldface type (**boldface**)
no ¶ ¶	begin new paragraph or continue last paragraph		*wf*	wrong front or type style or size; set in correct type (correct type)
] [ ]	center			insert comma
fl	flush left		⊙ ⊙	insert period or colon
fr	flush right			insert double quotation marks (The Catbird Seat)
tr	reverse the order; transpose			insert single quotation mark or apostrophe (today's newspaper)
{	ragged margin; don't justify lines		=	insert hyphen (first class)
	move text down / move text up		$\frac{1}{n}$	insert en dash (3-4 credits)
	superscript or subscript (πr^2 or $H_2$0)		$\frac{1}{m}$	insert em dash (required courses—stand-alones or clusters)
sp	spell out (set 1 hr. as one hour)		*set* ?	insert question mark (Who's on first)
stet	don't change; go back to the original		=	insert equals sign (1+1=2)
lc	change from capital to lowercase letter (capital)		( ) [ ]	insert parentheses or square brackets

Proz.Com

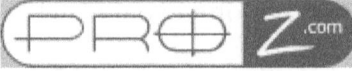

Tercümanlık başvuruları yapanların bazen Proz.Com sitesini duymadıklarına şahit olurum. Hatta Mütercim-Tercümanlık öğrencilerinin bile bu siteyi bilmediklerine şahit olmuşumdur.

Proz, an itibariyle sektörün bir numaralı sitesidir. Onbinlerce tercümanın kayıtlı olduğu bu site üzerinde kayıt olarak çeviri projelerine teklif verebilmeniz mümkün hale gelebiliyor. Tabi ücretli üyelik sistemine dahil olanların daha geniş hakları olduğunu da belirtmek gerek. Sitenin çeşitli bölümleri var. Çeviri sektörü ile ilgili hemen her sorunun cevaplandığı bir forum, çeviri yaparken karşılaşılan bilinmeyen kelimelerin sorulduğu bir KudoZ bölümü , çeviri yarışmaları, anketler, rehberler, videolar, çeviri haberleri, webinarlar, çeviri sektörü raporları, makaleler, çeviri kuruluşları listesi vb. birçok bilgiye ulaşabileceğiniz bir adrestir Proz.

Trados Bilen Kaç Kişi Var?

Çevirinize güveniyorsunuz ama ücretlerin düşüklüğü canınızı mı sıkıyor? İyi teknik çeviri yapabileceğinizi iddia ediyorsunuz ancak ücretler sizi tatmin etmiyor mu? Bu soruların cevabını çevirilerinizin katma değerini artırmakta ulaşabilirsiniz.

SDL'in sitesine girip kaç kişinin Türkçe ve diğer diller arasında kayıtlı olduğuna baktım. Sadece İngilizce-Türkçe dil çifti arasında 50 kadar kişi kayıtlıydı. Zannediyorum tüm dilleri hesaplayınca 150 kadar kayıtlı Trados kullanıcısı gözüküyor. Türkiye genelinde veya Türkçe'ye/Türkçe'den çeviri yapanlar arasında Trados bilen ancak siteye kayıtlı olmayan en az 1000 kişi daha olduğunu düşünüyorum. Demek oluyor ki SDL Trados, Star Transit, Atril Déjà Vu, IBM TM/2, MetaTexis, DVX, Alchemy Catalyst, Omega-T, Logoport, Passolo, CatsCradle ve Translation Package Creation vb. programlardan en az bir tanesini Türkiye'de düzenli kullananların sayısı **birkaç bin** ile sınırlı!

Özellikle tüm çok-uluslu şirketlerin sizden CAT araçlarını bilmenizi isteyeceklerini düşünürseniz, KOBİ pastasının dışında bir pasta yemek ve ücretlerini Türkiye standartlarının üzerinde tutmak isteyenlerin SDL Trados, Star Transit, Atril Déjà Vu, IBM TM/2, MetaTexis, DVX, Alchemy Catalyst, Omega-T, Logoport, Passolo, CatsCradle ve Translation Package Creation vb. programlardan en az birini çok çok iyi bilmeleri zorunludur.

Krizin de etkisiyle düşen fiyatları dengelemek için sadece çeviri yapmak yerine artık çeviriye katma değer katacak program ve sektörleri de hesaba katmak gerekecek. Bunu yapanlar ve geleceği daha iyi görenler bu sektörde daha kalıcı olacaklar! Soldaki kitapların da bize anlattığı gibi, oyun lokalizasyonu gibi **niş** sektörlere (www.dxstudio.com) girenler daha karlı çıkacak gelecekte.

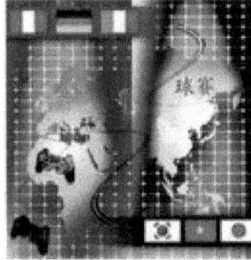

The GAME
LOCALIZATION
H A N D B O O K

HEATHER MAXWELL CHANDLER

Tercümanlardan Gelen Email'ler

Yabancı tercümanlardan bana gelen ve iş başvurusunda fikir edinmek için sizin de bir yerlere başvururken kullanabileceğiniz emaillerden birkaç örnek:

Hello,

This mail expresses my interest in the position of English to French translator.

One of my strongest qualities is my close connection to the English language and culture. My fluent American English comes as a result of an extended period of living, studying and practicing sport as a top athlete all over the world.

I have completed my undergraduate degree at the University of Nantes, France.

My university specialties in History and Linguistics make me particularly skillful in the translation of themes related to the Social Sciences, History, and Religion History.

I have experience in translating Legal, Sociological, Psychological, and Economic texts, Travel and Tourism documents, Dentistry User Manual and many other Technical files. As a translator for a Danish translating company, an American agency and many more, I have mastered the peculiarities of technical and IT translation as well as localization.

Relating to the requirements for this position, I translate with precision and attention to meanings and style.

I am fluent in MS Office Professional 2010, TRADOS 2009 and Autocad 2010. My qualities include excellent concentration and discipline, needed for extended hours of in-house work.

I will be glad if we initiate a long-term cooperation that facilitates our mutual growth.
I am available to pass a language test.

Please feel free to send any questions and suggestions on your part.

***

Hi,

My name is Louise; I'm an Italian mother tongue freelance translator. I'm a professional translator from English into Italian and vice versa, specialized in technical translations (Rotary presses, Optics, Mechanical Engineering, Computer software and hardware, jewelry).

I've worked for several translation agencies, translating various fields, it would be a real pleasure for me working with you as freelance translator, so I am sending the enclosed resume to introduce myself and my skills and experiences to you.

My best rate is €0,07 per source word, but for long-term project I could accept €0,055 per source word. I use different CAT tools: **Trados**, Idiom, Fortis, SDLX, Wordfast.

I hope my qualifications are suitable for you and look to hear from you forward.

Best Regards,

***

Dear Project Manager,

<u>Application for the position of Translator for the language pair French - English</u>

I have the honour to approach your respectable personality, requesting to be recruited as Translator, for the language pair French – English and vice versa. I will be glad to work with your team, offering you quality services at an affordable price **of 0.08 euros** a word.

I am a certified translator with a Master of Arts in Translation obtained from the Advanced School of Translators and Interpreters (ASTI) in Buea, Cameroon. However, before going for a certification in translation, I had been volunteering as a translator as mentioned in my curriculum vitae. I have a Bachelor's Degree, B.Sc. Mathematics with a minor in Computer Science, obtained from the University of Buea in Cameroon. Having grown and studied in a bilingual environment, I am very bilingual. I have both English and French as my principal languages. I speak and write both English and French excellently. My education and job experience have strengthened my ability to make timely decisions and have also greatly developed and sharpened my writing, organizational and analytical skills.

I have occupied various positions in different institutions as seen in my curriculum vitae. I have translated books and articles before and I have also served as Communicator, Hostess, Assistant Bilingual Secretary and Assistant Accountant as seen in my CV. My work experience has developed my IT skills and knowledge on various office applications (Word, Excel, Publisher) and other software like Trados, PowerPoint, Outlook Express, Subtitle workshop, Internet etc.

I hope to improve the overall performance of your enterprise by readily offering you excellent translation services and meeting tight deadlines.

I am very ready for any test translation you may want to offer. Attached to this application is a copy of my CV.

I will appreciate your consideration for the position of Translator that fits so well, my academic and professional orientations.

Yours sincerely,

***

Dear Valued Customers,

I am a native European Portuguese translator who works full time as a translator and is available for translations daily and with considerable experience in Technical Translations, all kinds of Operating Instructions and Manuals, especially for the Automotive Industry, Machinery Industry, IT Industry and for the Telecommunication Areas.

In fact I have several years of experience in fields like the Automotive Industry, Machinery Industry, Construction Industry, IT Industries, Multimedia Games and Telecommunications. All over the years I have accumulated satisfied on-going customers such as Audi, BMW, Ford, Honda, Hitachi, Imtec, Kubota, MAN, Mazda, Mitsubishi, Opel, BenQ, Dell, Epson, Fujitsu, HP, Kyocera, Logic3, Polaroid, Samsung, Sendo, SGS, Upxus, etc., either directly or through other large multinational translation/localization companies.

I use the most well known industry standard software, in conjunction with the many specialized tools required in the localization industry such as Visual Basic or C++, and regularly use SDL Trados 2007 and SDL Trados Studio 2009 as the main CAT tools, but are also fully conversant with other translation tools such as SDLX, Transit, Idiom

Workbench, Déjà Vu, Alchemy Catalyst or WordFast. This increases the quality and reduces translation costs. The translated document is then proof-read by a corrector (from both a technical and linguistic point of view). Quality is my priority.

My membership of the ATA (American Translators Association), APT (Portuguese Association of Translators) and SLP (Portuguese Language Society) ensures adherence to a strict code of conduct, promoting the very highest standards and guaranteeing maximum professionalism.

I am strongly committed to offering my clients cost-effective solutions that do not compromise quality. Although I try to use a number of tactics to stay competitive from a price standpoint, focusing on the field of specialization and having a liability insurance for translation errors, quality is my major priority.

I would be very pleased if I could supply you with translation samples or translate sample texts provided by you in order for you to check my proficiency.

Attached I send my CV that shows my qualifications, accreditations, specialization and contacts.

My rapid reactions, professionalism and the quality my services have won me the confidence and faithfulness of a number of large and small companies. I would be very pleased if you too became one of my clients.

Kind regards,

Gönüllü Çevirmenlik

Birleşmiş Milletlerin Gönüllü Tercümanı Olun Dünyanın Farklı Bölgelerinde Görev Alın
UNV Gönüllüleri Kimlerdir? http://www.unvolunteers.org/

Her yıl yaklaşık 160 milletten diplomalı ve deneyimli 7000 kişi gelişmekte olan ülkelerde BM Gönüllüsü olarak hizmet vermektedir. 1971'den bu yana yaklaşık 140 ülkede 30.000 BM Gönüllüsü çalışmıştır. Mevcut gönüllülerin yüzde 70'i gelişmekte olan ülkelerin, kalan yüzde 30'u ise sanayileşmiş ülkelerin vatandaşlarıdır.

Evinizden (Online) Gönüllü Olun
http://www.onlinevolunteering.org/
Online gönüllüler ne yapabilir? Online gönüllüler Internet yoluyla ulaştıracakları birçok faaliyet gerçekleştirebilirler. Uzmanlık ve becerilerini paylaşarak kendi ülkelerindeki örgütlerin kapasitesini arttırabilirler.
· Teknik ekspertiz ve araçlar (eğitim materyali geliştirme ile ilgili kapasite artırma, sözleşme taslağı hazırlama, web sitesi tasarımı gibi) sağlayabilir,
· Proje ve kaynak yönetimini destekleyebilir (teklif düzenleme, proje değerlendirme veya örgütsel stratejilerle ilgili uygulamaları paylaşma ve tavsiyelerde bulunma gibi)
· Bilgi geliştirme ve yönetme faaliyetlerine katkıda bulunabilir (araştırma, veri toplama, veritabanı oluşturma gibi)
· İletişim (belge tercümesi, makale yazma ve broşür tasarımı gibi) ve ağ oluşturma (destek kaynaklarını belirleme, bilgi aktarma gibi) faaliyetlerini kolaylaştırabilirler.

Gönüllü projeler için, TED (ted.com), Rosetta Foundation (therosettafoundation.org), Ashoka Volunteers (ashoka.org), Changemakers (changemakers.net), Idealist (idealist.org) ve Volunteer Match (volunteermatch.org) sitelerini de ziyaret edebilirsiniz.

Nasıl Yeminli Tercüman Olunur?

1927 tarihli Hukuk Usulü Muhakemeleri Kanunu – Madde 325: Ecnebi lisanla yazılmış olan vesikayı ibraz eden taraf tercümesini de raptetmeye mecburdur.

Noterlik Kanunu Yönetmeliği – Çevirme İşlemleri Madde 96 – Belgelerin bir dilden diğer dile veya bir yazıdan başka bir yazıya çevrilmesine ve noterlikçe onaylanmasına çevirme işlemi denir.

Noterin, çevirmeyi yapanın o dili veya yazıyı doğru olarak bildiğine, diplomasını veya diğer belgelerini görerek veya diğer yollarla ve hiçbir tereddüde yer kalmayacak şekilde kanaat getirmesi gerekir.

*Noterlik Kanununun 75. maddesinin son fıkrası gereğince noter tercümana Hukuk Yargılama Usulü Kanununa göre **and (yemin)** içirir. Bunun bir tutanakla belgelendirilmesi zorunludur. Bu tutanakta tercümanın adı, soyadı, doğum tarihi, iş adresi, ev adresi, tahsil derecesi, hangi dil veya dilleri, hangi yazıyı bildiği, noterin çevirenin bu dil ve dilleri veya yazıyı bildiğine ne suretle kanı sahibi olduğu, yemin biçimi ve tutanağın tarihini gösterir. Tutanağın altı noter ve tercüman tarafından imzalanır.*

Kendisine çevirme yaptırılan kimselerin yemin tutanakları noterlik dairesinde özel bir kartonda saklanır. Noter, kartonunda yemin tutanağı bulunmayan bir kimseye çevirme yaptıramaz.

Noter tarafından ilgilisinden alınan çevirme ücretleri noterlik dairesinin gelirlerinden olup yevmiye defterine gelir olarak kaydedilir. Noterin çevirene ödediği para da dairenin giderlerindendir.

Çevirme ücreti hesaplanırken, çevrilmesi istenilen yazının sayfaları değil, çevirme yapıldıktan sonra noter tarafından yazdırılan değerli kâğıdın sayfa sayısı esas tutulacaktır!

Çevirme işleminin, ilgilinin bulunduğu yer noterliğinde yaptırılması mümkün bulunmayan hallerde, o noterlik aracılığı ile başka bir yer noterliğinde çevirme yaptırılabilir. Bu takdirde, ilgiliden ayrıca, aracılık ücreti de tahsil olunur.

Pratik uygulamada, genelde tercüme büroları birlikte çalıştıkları tercümanları notere yönlendirirler ve bir kimlik ve dil bildiğini gösterir belge ibrazı ile birlikte yemin tutanağı düzenlenir ilgili tercüman için. Yani şu anda yeminli tercüman olmak için herhangi bir sınav vs. söz konusu değildir.

Tercümanlar Notere bağlı çalışır gözüktükleri için, Kanun yeminli tercümanlara imzaları karşılığında ücret ödenmesini öngörmüştür. Bu ücret bugün itibariyle bürolar tarafından alınmaktadır zira tercümanların büyük kısmı serbest meslek erbabı gibi çalışmamakta ve fatura/makbuz düzenlememektedir. Riski ve faturayı/vergiyi üstlenen bürolar olduğu için bu ücret bürolar tarafından Notere ay sonunda fatura kesilerek toplu olarak tahsil edilmektedir.

Yeminli Tercümanlar, zaman içinde serbest meslek erbabı olmaları ve yaptıkları iş için hem bürolara hem de doğrudan müşterilere fatura/makbuz düzenlemeleriyle birlikte bu ücreti almaya hak kazanacaklardır. Şu an itibariyle tercümanların çoğu doğrudan Notere çalışmadıkları için bu ücreti alamazlar. Bu ücret sayfa başına ortalama 20-25TL civarındadır.

Yeminli Tercümanlar iyi organize olup, örneğin avukatlar gibi serbest meslek erbabı olabilirler ve müşterileri doğrudan kabul etmeye başlayabilirlerse bu ücreti de hak ederek kazanabilir ve gelirlerini artırabilirler..

Bu konuda ayrıntılı bilgiyi tercüman veya büro sahibi tanıdıklarınızdan alabilirsiniz.

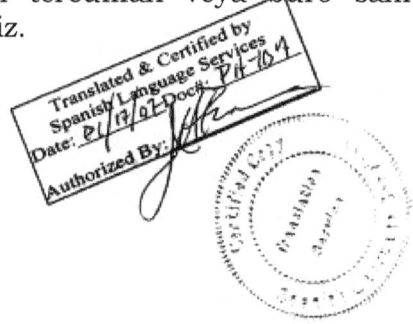

CERTIFICATE OF TRANSLATION

I, _____, hereby certify that I am competent in Spanish and English and that I have accurately translated the above document from Spanish to English to the best of my abilities.

Date:_____   _____

| İşbu belgenin _____ aslından _____'ye tercüme edildiğini onaylarım. | İşbu çevirinin dairemizde kimliği saklı yeminli tercümanımız _____ tarafından _____ aslından _____'ye çevrilmiş olduğunu ve aslına uygun bulunduğunu onaylarım. |

To the best of my knowledge and ability, I attest this to be a true and complete translation of attached text. John Doe, Certified Translator

08455 576 092 fax 020 7183 4222
certified@experTranslators.co.uk
31A Crawford Place, London W1H 4LL, UK

A T C

Association of
Translation
Companies

CERTIFICATION

expertTranslators Ltd, registered office address 31A Crawford Place, London W1H 4LL, United Kingdom, accredited by the Association of Translation Companies (ATC), hereby declares that, to the best of its knowledge and belief, the attached document(s):

Academic Qualification, Academic Grades

in the name(s)/Reference(s) of: *First name Surname*

prepared by one of its translators competent in the art of and conversant with both languages
French-English is a true and complete translation of the attached document(s).

Name of translator: *First name Surname*

10 NOV 2011

CERTIFIED
TRANSLATION

08354

EXPERTRANSLATORS Ltd. incorporated in England. Co. no. 4279904, VAT reg. 782722169. Reg. office 31A Crawford Place, London W1H 4LL, UK

PDF Dosyalar Canınızı Sıkmasın

Çevirileri yapılmak üzere **PDF** halde gelen dosyaların Word'e dönüştürülmeleri çoğu zaman çok vakit alıyor. Değişik programlar olmakla beraber tümünün farklı eksikleri var. Ben genel olarak PDF belgeleri internet üzerinden Word'e dönüştürüyorum. PDF'e dönüşecek belge varsa, onu da internet üzerinden online yapmayı tercih ediyorum. İyi tarafı, hem ücretsiz hem online olduğu için her yerden bu sitelere ulaşabilmeniz ve işlemlerinizi çok çok kolay yapabilmeniz.

Sürekli kullanmanızı önerebileceğim 3 önemli site:

PDF Online http://www.pdfonline.com

Üyelik gerektirmeyen **PDF<>Word** dönüşümlerini anında yapabileceğiniz bir site!

Online OCR http://www.onlineocr.net

Üyelik gerektirmeyen, **resim formatında kaydedilmiş (üzerindeki metinlerin kopyalanamadığı) PDF dosyaları Word'e dönüştüren** site!

Split PDF http://www.splitpdf.net

Üyelik gerektirmeyen ve kısa süre içinde **uzun PDF dosyaları bölebileceğiniz** bir site. Örneğin elinizde 100 sayfalık bir PDF dosya var ve size sade 45 ila 60. sayfalar arası lazım. Bu siteye girip ilgili boşluklara 45 ve 60 yazarak bir iki dakika içinde sadece o sayfalardan oluşan bir PDF dosya almanız mümkün!

Tercüme Odası Tekrar Kurulmalıdır

Tercüme Odası Osmanlı Hükümetinin diğer ülkelerle olan yazışmalarını yürüten tercümanların eğitildiği ve görev yaptıkları kurumdu. Tercüme Odası 1821'de kurulmuştur. Fenerli Rum Divan-ı Humayun tercümanlarının 1821 Yunan İsyanında taraf olmaları üzerine Müslüman Osmanlı memurlarına yabancı dil öğretmek için açmıştır. İlk tercümanı Ahmet Vefik Paşa'nın dedesi olan Yahya Naci Efendi'dir. Daha sonra da Başhoca İshak Efendi kurumun başına getirilmiştir. Tercüme Odası Osmanlı Devleti'nin yıkılışına kadar varlığını sürdürmüştür. Tanzimat'ın devlet adamları ve bazı aydınların (Ali Paşa, Fuad Paşa, Ahmet Vefik Paşa, Namık Kemal) buradan yetişmiştir.

Bazılarının, *'Nereden çıktı şimdi bu?'* dediklerini duyar gibiyim, ancak ağır aksak giden **muasırlaşma** çabamızın önündeki en büyük engellerden biri her türlü bilgiden ve bilgi kaynağından hala fersah fersah uzak oluşumuzdur. Üstelik de bu internet devrinde!

Bu Oda eskiden daha çok diplomatik yazışmaların /görüşmelerin çevrilmesi maksadıyla kullanılmış. Bir okul görevi görüp, çok da kalburüstü şahsiyet yetiştirmiş.

Şu anda tüm devlet birimlerimizde eski Tercüme Odasının görevlerini ifa eden birçok şube var sanırım, ancak yeniden kurulması gereken Tercüme Odası eskisinden biraz farklı olmalı ve Türkiye'nin dünyadaki yeniliklerden daha hızlı haberdar olmasını sağlamalıdır. **Yeni Tercüme Odası**, ülkemizin uluslararası arenada öne çıkmak istediği alanlarda referans kitap, eser, makale ve yazıları Türkçeleştirmelidir. Örneğin ülkemiz madencilik, tarım, bilişim, tıp, mühendislik gibi alanlarda öne çıkmak istiyorsa, **Yeni Tercüme Odası** da bu doğrultuda yapılandırılmalı ve bu alanlarda ortaya çıkan tüm uluslararası gelişmeler anında takip edilerek Türk diline birçok çeviri eser kazandırılmalıdır. Elbette aslolan bilimi bizim üretmemiz, mühendisliğe bizim yön vermemizdir; ancak elinizde kendi dilinizde neredeyse hiç bilgi birikimi yoksa, bunu yapamazsınız!

Kurulması gereken **Yeni Tercüme Odası**, ulusal çıkarlarımızla ilgili de çalışmalar yapmalı ve örneğin Ermeni Sorunu, Güneydoğu Sorunu, Kıbrıs Sorunu gibi alanlarda dünya kamuoyunun bilgilenmesini sağlayıcı içerik geliştirmelidir. Devletimizin bu gibi önemli konularda çok açıklarının olduğu aşikâr.. Üstelik böyle bir Oda, diplomat kalitesinde birçok uzmanın da Devlet terbiyesiyle yetişmesini sağlayacaktır. **Türk Dil Kurumu** gibi artık işlevini yitirmiş ve bilim üretmeyen hantal bir yapı yerine **Yeni Tercüme Odası** kurulmalıdır. **Yeni Tercüme Odası** birçok uluslararası platformda bir **Türkiye Lobisi** gibi de hareket edebilir. Dünyanın birçok yerinde siber suçların önlenmesine yönelik olarak nasıl bir siber polis birimi kurulduysa, aynı şekilde her alanda dünyada meydana gelen değişiklikleri takip etmek için de **Yeni Tercüme Odası** kurulmalı ve bu Oda yukarıda saydığımız alanlarda **güncel içerik** üretmelidir.. çünkü **İÇERİK KRALDIR!** Bu yönde başlatılacak her türlü Türkiye'de tüm çevrelerce alkışla karşılanacak ve ülkemize yepyeni bir dinamizm getirecektir.

Hukuk Dilini Çevirmek: Osmanlıca Terimler mi? Türkçe Terimler mi? Yoksa Her İkisi Birden mi?

Hukuk dili deyince hemen Osmanlıca terimlerin akla gelmesine karşı olduğum gibi, Öz Türkçe karşılıklarına direnmiş Osmanlıca terimlere "soğuk" bakmaya da karşıyım. Bugün artık hukuk dili sandığımız dil, çok değişken. Sadece terimler değil, ifade tarzları da değişiyor: "Mevzuata uygun değil" demek ile "yürürlükteki kurallara aykırı" demek arasında şüphesiz bazı farklar var... Çeviribilim kuramları açıklasın... Dinamik bir süreç bu, sörfünüzü, birbirlerine karşı gelerek önce kabarıp sonra yükselen farklı dalgaların üstünde tutabilmek sizin çevirmenliğinize ve nabız tutma sanatınıza kalmış.

Burada Türkiye'de sürekli tartışılan "Osmanlıca mı Türkçe mi" tartışmasına girmeyeceğim. "Ana"nın diline sahip çıkmak, "baba"nın siyasal hegemonya paradigmasının ötesine taşmayı gerektir. Bence artık soruları "o mu bu mu" diye soracak bir çağda yaşamıyoruz artık. Çünkü "biraz ondan, biraz bundan" ya da "hem o hem bu ama bunun şurasından, onun burasından" çağındayız... O nedenle hukuk dilinde de hem Osmanlıca hem Türkçe demek, önemli olanın "altın orta"yı aramak olduğunu görmek gerekiyor. Hukuk çevirmeni için "hem o hem bu" çok daha uygundur. Çünkü hukukta çeviri salt anlamı değil, hukuksal metnin semantik "buyruğunu" da çevirmeyi gerektirir.

"Pratik" çevirmen, çevirdiği metnin yapısına göre, hangi terimi kullanacağına karar verirken, hukuk dilinin de dönüşüm sürecinde olduğu gerçeğini göz önünde tutmalıdır kanısındayım. Bazen "hukuk dili ağdalı olur" anlayışı içinde özellikle çok eski terimlerin seçildiğine tanık oluyoruz. Çevirmen, iyi bir şey yaptım sanıyor ama bilmiyor ki, o terim artık hukukçular tarafından bile kullanılmıyor. Yalın olarak, sözlüğü açmış, "nasılsa hukuk metni bu, ağdalı olmalı" demiş ve en eski terimi seçmiş.

Yaş almak, kimileri için yalnızca yüzde değil, dilde de "çizgiler" oluşturabiliyor. Belki sorun, yaş sorunu da değil, yalınca iletişim kuramlarının açıklayabileceği bir "ilişki biçimi" sorunu.

Aslında hukuk çevirisinin kanımca en büyük sorunu, terim "kargaşa"sından çok, çevirmenin, içeriği eksik ya da parçalı anlamasından kaynaklanan anlatım sıkıntısı. Bazen metnin "dediğini" çevirebilmek için, "hukuksal olarak ne demek istediğini" bilmek gerekir. Amerikan hukukunda "murder", Alman hukukundaki "mord" değildir, Türkçedeki "insan öldürme", hem "murder" bakımından hem de "mord" bakımından bağlama göre daha eksik ya da daha fazla bir şey anlatabilir. "Punitive damages" kurumu Türk hukukunda yoktur, çevirirken açıklamalı dipnot gerektirir.

Şu sözü çok severim: "While lawyers cannot expect translators to produce parallel texts that are identical in meaning, they do expect them to produce parallel texts that are identical in their legal effect.": **Hukukçular çevirmenlerden anlamları aynı olan paralel metinler üretmelerini değil, hukuksal etkileri bakımından aynı paralel metinler üretmelerini beklerler..**

Hukuk çevirisi zor iş! Hukuk uygulayıcılarının, özellikle memurların hayli benimsediği "mevzuat", "müktesebat" ve benzerleri gibi yerleşmiş terimler bir yana; günümüzün hukuk dili, daha da Türkçeleşme eğilimi gösterse de "genç" çevirmenin kavramakta güçlük çekebileceği Osmanlıca terimler de varlık ve değerlerini koruyorlar. Öte yandan bir kelimenin, kelime anlamı her zaman hukuksal anlamı demek olmuyor. Şüphesiz Atatürk devrimleri ile başlayan Türk hukuk reformunun hukuk terimleri bile, büyük ölçüde Osmanlıca idi ve Osmanlıca terimlerin anlamını bilmeyen bir hukuk öğrencisi bunları öğrenmek zorundaydı, tıpkı Latince terimleri bilmek zorunda olan bir hekim gibi. Bununla birlikte bugün hukuk dilinde 2000'lerle ivme kazanan ve son Avrupa Birliği uyum paketleri çerçevesinde yapılan yasalarla iyiden iyiye hızlanan başka bir dönüşüm süreci gözleniyor.

Bu süreçte yapılan yeni yasalara, özellikle "Yeni Türk Medeni Kanunu"na, "Yeni Türk Ceza Kanunu"na, "Yeni Ceza Muhakemesi Kanunu"na ve eskilerinin yerini alan pek çok yeni yasaya bakıldığında, artık Osmanlıca terimlerin yerini Türkçe terimlerin aldığını gözlersiniz. Bir "Borçlar Kanunu"na bakın (henüz yenisi yapılmadı), bir de "Yeni Medeni Kanun"a. İkisi arasında dilsel bakımdan dağlar kadar fark var. Yeni Medeni Kanunu okuyan "medeni yurttaş", şimdi belki de daha rahat anlayacaktır onu.

Teknik yapılarını koruyarak yasaların dilini değiştirmek zor ama hukukta güncel dilin kullanımının, hukuk devleti ilkesinin gerçekleştirilmesi erekleri ile ilişkisi olduğu da açık. Yasaların; uygulanacakları kimselere de bir fikir vermeleri, hiç olmazsa genel olarak anlaşılır olmaları gerektiği kanısındayım. Öte yandan, doksan yaşına ermiş bir kimse "Yeni Medeni Kanunu" anlayabilir ama sadece onsekiz yaşında ise hukuk öğrencisi bile "Borçlar Kanunu"nun dilinden bir şey anlayamaz. Güncel olan, tüm kuşaklar ve her kesim için kapsayıcıdır ama eski dile, sadece meslek insanını hakim olabilir. Gelişim, Türkçeleşme yolunda. Bununla birlikte bu gelişimde kendini korumuş, bir anlamda direnmiş Osmanlıca terimler var. Bunlar çok sayıda ama gitgide azalıyorlar. İşte "mevzuat" da "aslanlar gibi savaşmışlardan" biri. Ama "Şurayı Devlet", "Danıştay"'a direnememiştir, "Temyiz Mahkemesi", "Yargıtay"'a direnememiştir. Müddei Umumi, "Savcı" terimine direnememiştir. Örnekleri çoğaltmak mümkün. "Tazminat" ile "ödence"nin kıran kırana mücadelesi (savaşımı) hala sürmektedir! Yargıç ile hakim arasında da maç başa baş sürüyor... "Yasa", "kanun"a karşı 1-0 önde!

Hukuk dilimiz bugün çok karmaşık bir durumda. Yerleşmiş Osmanlıca terimler de var, yerleşmiş Türkçe terimler de. Dava dilekçesinde, ".....dilerim" diyen avukatlar da var, "...arzederim" diyenler de. İşin daha da ilginç yanı, "iki tip genç hukukçu"nun olması: Birincisi, (karşılığı pekâlâ Türkçe hukuk terimi olarak da bulunan bir) Osmanlıca terim kullanırsa deneyimsizliği anlaşılmayacak, hukukçu olmayanlar kendisine daha çok saygı gösterecekler sanıyor... İkincisi, ya Osmanlıca terimleri öğrenmemiş ya da "etimolojosini" ve "türetme olanaklarını" daha iyi kavradığı sözcükleri kullanırken kendisini daha rahat hissediyor ve doğallıkla, pek çok kimse tarafından daha kolay anlaşılıyor. Müvekkil geldi, avukat konuşuyor:

Avukat: "Eyvah temerrüde düşmüşsünüz siz! Kanuni faiz tahakkuk etmeye başlamış bile..."

Müvekkil: "Öyle mi avukat bey (hanım), bu teme... temer"

Avukat: "Temerrüd"

Müvekkil: "Tabii evet, temerrüd, siz bu sorunu halledebilir misiniz?"

Avukat: "Zor ama bir çaresine bakarız."

Temerrüd sözünü "borcunuzu ödemekte gecikmişsiniz" sözü ile değiştiren avukat, müvekkilinde aynı "saygı"yı yaratamayacaktır! Hele böyle açıkça "borcunu ödememişsin kardeşim" demesi müvekkili "incitebilir bile"! "Eli kanlı müvekkile öyle hemen sen kurbanı öldürmek istedin mi" diye sorulmaz... "Olayda doğrudan kasıt var mıydı yok muydu, ona bakmak lazım" demek, durumu yumuşatır. Bazen siz dilsel şiddet uygularsınız (temerrüd örneği), bazen de "şiddetli durumu", dilsel bir manevrayla yumuşatırsınız! (kastınız var mı yok mu örneği). Bu da dilsel şiddet uygulamalarının ayrı bir boyutu... Hekimler bu oyunları, avukatlardan daha iyi oynuyorlar. Az çok Osmanlıca lafı herkes biliyor, "amma velakin", Latince terimleri ardarda dizip bir de bunun adına "tıp dili" dediniz mi akan sular duruyor.

Oysa meslek insanlarının kendi aralarındaki "konuşmaları" ya da bilimsel makalelerde kullandıkları dil ile örneğin "prospektüslerde" kullandıkları dili ayırmaları gerekirdi. Şüphesiz meslekiçi iletişimde Latince "kısa yoldan" iletişimi sağlayabilir ama birader, senin meslekiçi konuşmanı ben de aynı şekilde öğrenmek zorunda mıyım? Bazı prospektüslerdeki "inhibe eder" (engeller), agregasyon (toplanma), trimester (üç aylık), adolesan (ergen) vb. bir dizi "yabancı" kelime yerine Türkçelerini koymak ne de kolaydır oysa. Ben-hasta ile konuşurken, daha anlaşılır olmaya gayret edemez misin ey prospektüs çevirmeni?!

Ne demek istediğimi en iyi anlatan örnek bir Almanca ilaç prospektüsü ile Türkçe ilaç prospektüsünü karşılaştırmaktır. Ben her durumda Almanca prospektüsleri daha iyi anlarım. Çünkü Öz Almanca kullanmaya gayret eder bunları çevirenler. Almanlar Türklerden daha iyi Latince bilirler oysa. İngilizce prospektüsleri de daha iyi anlarım. Niye? Çünkü bu prospektüsler, bu "tanıtmalık"lar gayet insani ve yaşamsal bir merakla okunur. Prospektüs hastanın derdi için hazırlanmıştır, "doktorun CV'si için büyük ama insanlık için çok küçük bir katkı" olacak bir tebliğ metni değildir. Prospektüsü çeviren bir çevirmenin, efendim tıp dili olsun diye, "belirti" ya da hiç olmazsa "araz" yerine "semptom" demesini hiç de hoş karşılamam. O bağlamda, Türkçesi varsa onu seçmelisiniz, karşılığı yoksa, tabii bir tıp terimi düşünürsünüz. "Benim hukuk dilim", megalomanisi içinde müvekkillere üstünlük taslanmasına da karşıyım. Aramızda konuşuruz, bazen Osmanlıca terim lafı uzatmamızı önler, "short-cut" olur. O ayrı bir konu.

Her şeyden önce "hukuk dili" ile hukukçular arasında yerleşmiş "jargonu da" karıştırmamak gerekiyor. Bir icra dairesi müdürü size "talep aç" diyebilir. Talep açmak, ilgili yere dilekçe ile başvurmak demektir, ama yalnızca icra müdürlerinin jargonunda, çünkü yasalar, "talep açmak" gibi bir kavramdan sözetmez. Çevirdiğiniz romanda bir icra müdürü konuşuyorsa ve artık hangi dilden çeviriyorsanız orada buna benzer bir laf etmişse "talep açmak" ifadesini seçerseniz iyi bir iş çıkarmış olursunuz. Yok, ortada başka bir metin var, o zaman ona göre seçim yaparsınız. Bu noktada kategorik olmaktan çok, amaçsal, işlevsel ve bağlamsal bir değerlendirme yapmak durumundasınızdır.

Yani ortada: 1. Yerleşmiş Osmanlıca terimler var, 2. Artık Osmanlıcaya karşı üstünlük sağlamış Öz Türkçe terimler var, 3. Hukukçuların jargonu var. Bence çevirmen, metnin bağlamına ve işlevine göre bir çözümleme yaparak seçmeli kullanacağı terimi.

Hıfzı Veldet Velidedeoğlu, Türkçe hukuk dilindeki bu başdöndürücü dönüşümü zamanında kavramış ender Hocalardan biriydi. O, hukukçunun pekala, Öz Türkçe terimleri kullanmaya da özen göstermesi gerektiğini savunurdu. Fakat başka bir Hocamız vardı, bir kere sınıfta: "Efendim ben Türk hukuk lisanı ile lakırdı ediyorum, idrak etmemekte neden ısrar edersiniz" demişti de bir kahkaha kopmuştu. Çünkü deniz hukukunda "büyük avarya", "küçük avarya" "konişmento" ve sair terimlerle kafası bulanmış kalabalık, "meseleyi" "haddizatında" hiç mi hiç "idrak" edememişti.

İnternette, hukuk çevirmenlerinin yararlanacağı hoş bir makale var: http://accurapid.com/journal/22legal.htm

Kolaylıklar:))

Ek Not: Yanlış anlaşılmayı önleme kaygısı ile bazı fikirlerimize açıklık getirmek gerekli oldu. Bu yazıda, "özellikle mesleki ortamlarda ve meslektaşlar arasında mesleki terimler kullanılmasın" demedik. Zaten metin içinde bulunan "...Oysa meslek insanlarının kendi aralarındaki "konuşmaları" ya da bilimsel makalelerde kullandıkları dil ile örneğin "prospektüslerde" kullandıkları dili ayırmaları gerekirdi..." vb. açıklamalar da buna işaret ediyor. Öte yandan, bugün Yeni Medeni Kanunun diline bakacak olursak, eskiden belirli bir müesseseyi anlatan bir terimin yerini yeni bir terimin alabildiğini ve şimdi o terimin ardında "müesseseleşme" yaşanacağını tahmin etmek zor olmasa gerek. Biz, "temerrüd" vs. gibi terimler kullanılmasın, meslek insanları günlük dil ile konuşsun her zaman demiyoruz. Bizim anlatmaya çalıştığımız şu:

1. Meslekten olmayanlarla kurulacak iletişimde bu gibi terimlere az çok, mümkün mertebe açıklık getirilmeli. Şüphesiz oturup müvekkile temerrüd kuramı anlatacak değiliz ama herkesin, en az bizim kadar anlayış ve görüş sahibi olabileceğini, uygun bir dille anlatılırsa orta zekâ ve bilgi, görgü düzeyindeki müvekkillerle samimi ve eşit iletişim düzlemi yaratabileceğimizi teslim etmek zorundayız.

2. Mesleki ortam ve meslektaşlarla iletişim düzlemi başka, hukuk ve tıp gibi toplumun her kesiminden insanı, herkesi yaşamsal olarak ilgilendiren mesleklerde kullanılan dilin meslekten olmayanlar tarafından da (şüphesiz her durumda değil ama) en azından genel olarak, az çok anlaşılmasını sağlamaya gayret etmemizin gerekli olması başkadır. Bırakınız avukatın ya da hekimin aydınlatma yükümlülüğü çerçevesindeki mesleki zorunluluğu, bu bir etik kuraldır. Şüphesiz mesleki ortamlarda, meslektaşlar arasında, kongrelerde, dava sırasında, dilekçelerde vb. durumlarda bir mesleğin geleneksel terminolojisini

kullanmak, kuram ve uygulamanın ortaya koyduğu dilsel olanaklardan yararlanmak gerekir.

"Hearsay evidence" konusu ilginç bir örnektir. "Hearsay" gündelik dilde dahi "dedikodu" anlamına gelmez. Hearsay, "bir kimsenin söyledikleri hakkında ikinci bir kişiden duyduklarını aktaran üçüncü kişinin aktardığı demektir ve dedikodudan önemli bir farklı vardır. O fark, dedikodunun, ikinci kişinin, birinci kişiden duyduğunu üçüncüsüne aktarmasıdır ki ceza soruşturmasında tanıklık kurumu, eğer birisi bir başkasının kendisine söylediği sözler hakkında tanıklık yapıyorsa "dedikodu"dan başka bir şey de değildir aslında. Yani dedikodu, "hearsay"den daha değerli bir delildir. En azından ABD'nden Hocamız, uluslararası ceza hukuku yargıcı Theodor Meron, bize böyle bir espri yapmıştı bir zamanlar:) Şaka bir yana, hearsay'in ne olduğunu müvekkile anlatmakla, mesleki iletişimde kullanmak ayrı ayrı şeyler. Yine, bir terim ilelebet müessese olarak kalmak zorunda da değil. Yarın başka bir terim gelir, ardına katar başka br müesseseyi, biz de onu kullanıyor oluruz...

Kaynak: www.edebiyatvehukuk.org

Kendini Yenileme

Kendinizi sürekli yenileyin. Magazin takip etmek yerine dünyayı takip edin, sektörünüzdeki yeniliklerden haberdar olun.. Meslektaşlarınızı tanıyın, mesleki kurslardan ve sertifika programlarından uzak kalmayın.

Kendini yenilemenin yüzlerce yolu var. Örneğin bir tercümanın 1 sene çanta sırtında dünyayı gezmesi kendini yenileme sayılabilir. Çeviri ile ilgili **kurslara, sertifika programlarına, seminerlere, atölye çalışmalarına** katılmak da bu türden bir kendini yenileme sayılabilir.

Mesleğinize ve kişisel gelişiminize önem verin. Ülkemizin ihtiyacı olan nitelikli kişiler ve uzmanlar ancak kendilerini yenileyenler arasından çıkacaktır. Türkiye'yi gezin, bir avukatın nerede nasıl çalıştığını öğrenin, bir hastanenin nasıl işlediğini araştırın, madencilik mesleğini öğrenin, otomotiv sektörünün artılarını eksilerini bilin, kitap çevirisi yapın, film çevirin, transkripsiyon yapın, bir web sitesinin ya da bir yazılımı lokalize eden ekipte bulunun, çeviri bürosu işletmeciliğinin nasıl yapıldığını öğrenin, sosyal amaçlı çeviri projelerine gönüllü katılın, konferans/seminer benzeri içerik yüklü programları asla kaçırmayın.. kısacası, **kendinizi geliştirmeye ve yenilemeye** zaman ayırın.

Sadece cesetler kendilerini yenileyemez! Kendini yenileme canlı olmanın bir işaretidir..

Kaizen Felsefesi

İşletmelerde ufak ufak ama sürekli gelişimi ve iyileştirmeleri ilke olarak edinen Kaizen bir Japon felsefesi olup, Japonlar tarafından yaşamlarının her alanında uygulanmaktadır. Batı ülkelerinde Kaizen'in önemi ancak rekabetin yoğun bir şekilde arttığı (ufacık bir ekonomik, teknik vs. gelişimin bile bir işletmeyi diğer işletmelerin çok önüne taşıdığı) yakın dönemde anlaşılmıştır. Kaizen'i tam olarak anlayabilmek için ancak Japonların gözünden bakmak ve onların yaşam mantalitesiyle olaylara bakmak gerekir çünkü Kaizen Japonya da hayatın her alanındadır.

Kaizen'i dar anlamda tanımlamak gerekirse mevcut sistemdeki veya durumdaki aksaklıkların saptanarak düzeltilmesi, mevcut durumu kökten değiştirmek yerine (yani yeni bir yatırıma gitmek yerine) eldeki sistemin ne şekilde iyileştirilebilineceğinin araştırılarak ufak ufak adımlarla sistemde düzeltmelerin iyileştirmelerin yapılmasıdır. Kaizen'e göre mevcut sistemde her zaman geliştirilecek ve iyileştirilebilecek durumlar muhakkak vardır. Kaizen'in yeni bir yatırımdan ayıran en büyük fark çok fazla kaynak gerektirmemesidir. Fakat yeni yapılan bir yatırımda istenilen sonuca ulaşmak kısa zamanda mümkün olabilirken, Kaizen de istenilen sonuca ulaşmak biraz zaman alabilir.

Bu açıdan Kaizen'i uygulayacak yöneticilerin sonuç odaklı değil süreç odaklı yöneticiler olması gerekir aksi durumda gerekli sabrı gösteremeyecekler ve Kaizen'in sonuçlarını göremeden uygulamaları başarısızlığa sürükleyeceklerdir. Kaizen bir kişinin başarabileceği bir sistem değildir. Kaizen'in uygulanmasında başarıya ulaşabilmek için hem yöneticiler hem de iş görenlerin el birliği ile çalışmaları yürütmesi ve birbirlerine destek olması gerekir. Kaizen'in asıl uygulayıcıları iş görenler olmakla birlikte başarıya ulaşabilmesinin en önemli öğesi yöneticilerdir. Çünkü yöneticiler çalışanları Kaizen konusunda bilgilendirmeli, onları çalışmaların sonucuna inandırmalı, hedefe yöneltmeli ve sabırla çalışmaların sonucunu beklemelidir.

Kaizen

改善

To make better

Çalışmaların sonucunu işçilerle paylaşmalı onlara neler başardıklarını göstermeli ve başarılarını ödüllendirerek teşvik etmelidir. İş görenler ise Kaizen'i yaşamlarının bir parçası olarak görmeli onu hayatlarının her alanında uygulamayı ilke edinmeli çabalarını esirgememelidirler. Örneğin yere düşen bir vidayı iş görenin üşenmeden yerden alması hem o vidanın kaybolmasını önleyecek yani maliyeti azaltacak hem de temizlik işçisinin harcadığı zamanı kısaltarak iş gücü kaybını önleyecektir. Tabi ki bu çok basit bir örnek olmakla beraber burada anlatılmak istenen tek bir vidanın durumu değil bir fabrikadaki tüm çalışma süresince onlarca işçi tarafından yaratılabilecek bir durumdur. Kaizen'in en büyük özelliklerinden biriside her birey tarafından ve her işletme tarafından uygulanabilir olmasıdır. Örneğin yeni bir yatırım gerçekten her işletmenin yapabileceği bir durum değildir; çünkü yeni bir yatırım genellikle yüklü maliyetleri de beraberinde getirir, buna da her işletmenin bütçesi genellikle yetmemektedir.

Kaizen de ise çok fazla kaynağa gerek yoktur her işletme tarafından az önce örneklediğimiz ufacık bir işte bile gerçekleştirilebilir. Tabi ki burada işletmelerin en çok düşündükleri soru şu olmaktadır: Kaizen'ile uğraşarak zaman harcayıp ufak ama sürekli gelişimler mi sağlayayım, yoksa büyük paralar harcayıp kısa zamanda büyük paralar mı kazanayım. Buradaki yanıt kesinlikle Kaizen olmalıdır, çünkü marjinal faydaya bakıldığında Kaizen'in daha fazla getiri sağladığı görülecektir. Teknolojinin her geçen gün büyük bir hızla ilerlediği ve değiştiği günümüzde yapılan her yeni yatırım kısa bir süre sonra eski ve de teknolojik duruma düşecektir. Sürekli yeni yatırım düşüncesinde olan işletmeler ise bu durumda sürekli mevcut sistemi yenisi ile değiştirmek durumunda kalacaktır. Özellikle günümüz piyasalarının bu sert ve çetin rekabet koşullarında hiç bir işletme elindeki kaynakları bu kadar rahat kullanamamaktadır.

Eğer bu işletmeler bir de Kaizen uygulamaları hakkında bilgisiz iseler bir süre sonra yeni yatırım da yapamadıklarından piyasada zor durumlara düşmektedirler; hem ürün kaliteleriyle hem de maliyetleriyle pazarda zorlanmaktadırlar. Burada Kaizen Yönetiminin tamamen yeni yatırım yapılmasına karşı olduğu da anlaşılmamalıdır. Aslında Kaizen ve yeni yatırım iç içe bir olgudur. Yani Kaizen'in bittiği yerde yeni yatırımlar başlamalı, yeni yatırımların bittiği yerde de Kaizen uygulamaları başlamalıdır. Bunun için de yapılacak tüm uygulamaların fayda-maliyet analizlerinin iyi bir şekilde yapılması, bu analizler sonucunda da hangi uygulamanın getirisinin daha maksimum olduğu saptanmalıdır. Bu maksimum durum öyle bir noktadadır ki bu noktada biri biterken diğeri başlar.

Fakat burada her zaman öncelik Kaizen'e verilmeli sabırla onun sonuçları izlenmeli, gerekli değerlendirmeler ayrıntılı bir şekilde yapıldıktan sonra yeni yatırım kararları verilmelidir. Maalesef ülkemizde henüz büyük işletmeler bile Kaizen bilincini ve Kaizen uygulamalarını yerine getirememektedirler. Ülkemizde Kaizen'i uygulayan işletmelerin sayısı onlarla sayılacak kadar azdır. Küçük ölçekli işletmelerin ise özellikle de kısıtlı imkânlarla hareket ederken Kaizen'i uygulayamamaları gerçekten büyük bir kayıptır. Çünkü ülke olarak hammadde de, teknolojide vs. dışarıya bağımlı olmamız bu tarz uygulamaların önemini daha da arttırmaktadır.

Kaizen'in tüm işletmelerce iyi bir şekilde uygulanması hem işletme kaynaklarının etkin bir şekilde kullanılmasını, hem ürünlerin kalitesini, hem karlılığı, hem müşteri memnuniyetini, hem işçi-yönetici-işveren iletişimini ve memnuniyetini hem de ülke ekonomisini olumlu olarak etkilemektedir. Kaizen'in uygulanabilirliği ister hizmet sektöründe olsun, ister üretim sektöründe olsun isterse günlük yaşamımızda olsun bu kadar kolayken ve kazançları bu derece fazla iken toplumca yapmamız gereken Japon toplumunda olduğu gibi bu bilince varmak ve yaşamın her alanında Kaizen'i uygulayarak yaşamımıza, çalıştığımız işletmelere ve yurdumuza değer katmak olmalıdır.

KAIZEN 1. Adım: "Ele-Yok et"

Umumi kullanıma açık yerlerde klozet kapağı bir ihtiyaç mıdır?

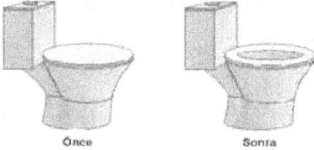

Önce   Sonra

KAIZEN bir şeyi daha iyi, kolay ve hızlı yapmak için uygulanan değişikliktir.

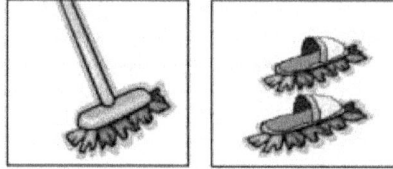

Kaynak: http://www.pargesoft.com.tr/kaizen

Lokalizasyon Büroları

İnternet ve bilgisayar programlarının tüm dünyada geldiği nokta düşünülecek olursa, **Tercüme Bürolarının** artık kendilerini **Lokalizasyon Büroları** olarak tanıtmaya başlayacakları zamanların geldiği ve hatta geçmek üzere olduğu söylenebilir.

Tercüme Büroları, artık sadece Word, Excel ve Powerpoint benzeri dosyalarla çalışmak yerine, **FrameMaker, InDesign, QuarkXpress, Illustrator, XML, Trados, DTP** gibi kavramlara aşina olmak, bu kavramları ve geçtiğimiz 10-20 sene içinde geliştirilen ve sektöre dar dairede yerleşen bu yeni teknoloji, yazılım ve protokolleri bilen uzmanlarla çalışmak zorundalar.

Önümüzdeki yıllarda tercüme büroları artık ağırlıkla konsolosluk evrakı çevrilen yerler olmaktan çıkacaktır. Şunu da ilave etmekte sakınca olmaz sanırım: yeni dönemde artık tercüme (ve lokalizasyon) bürolarında ortalama çalışan sayısı 1-3 yerine, 20+ olacaktır!

Yeminli Tercümanlık Kurumu

Yeminli Tercüman, Noterlik Kanunu kapsamında yeminli olduğu dilde yaptığı çeviri belgelerin **doğruluğunu tasdik etmek** ve bu dilde yeminli **yazılı ve sözlü tercümanlık yapmak** için yetkilendirilmiş kişidir.

Yeminli Tercüman olabilmek için herhangi bir dili bildiğinizi diplomanızla belgelemeniz ve Noter'e müracaat ederek Yemin Zaptı düzenletmeniz gerekir. Diplomanız ve kimliğinizle birlikte size yakın bir Tercüme Bürosu ile irtibat kurarak Noter kanalıyla Yemin Zaptı düzenletebilirsiniz.

Evden serbest çalışan tercümanlar için çok gerekmese de Yemin Zaptınızın bulunması birçok bakımdan önemlidir. Özellikle resmi dairelerdeki sözlü çevirilerde mutlaka Yemin Zaptı sahibi olmanız gerekir. Dili ne kadar iyi bilirseniz bilin, Yeminli değilseniz resmi dairelerde (Mahkemeler, Karakollar, Evlendirme Daireleri, Tapu Daireleri vb.) çeviri yapamazsınız. Ayrıca yaptığınız çevirinin altına imzanızı atabilmeniz için de Yemin Zaptı almanız gerekir. Tercüme büroları Yemin Zaptı olan tercümanlarla çalışmayı tercih ederler.

Tercüme Sektörünün Geleceği

Aslında bugün yaşadığımız her şey yarının habercisi. Bugün mütercim tercümanlık veya çeviribilim okuyan bir öğrenci daha okulun birinci sınıfında gelecek **5-10-20-50** senede neler olabileceğini düşünmeli ve 4 yıllık eğitimini bu düşünceler doğrultusunda geliştirmeli ve derinleştirmelidir.

Meyveler her zaman ağaç dallarında yemeğe hazır şekilde bekliyor olmayabilir. Bizim sektörümüzde de -krizin de büyük etkisiyle- meyveler kasalar içinde veya dallardan sarkık vaziyette olmayabilir bundan böyle. Meyve yemek isteyenler kendi fidanlarını kendileri dikip kendi ağaçlarına kendileri bakacaklar. Ama sonrasında o ağacın meyvesini yine kendileri yiyecekler. Bu tarihten sonra mevcut dikili meyve ağaçlarının sektördeki tüm bürolara yeteceğini düşünmek akıllıca olmaz! **CLIENT-FEEDING** veya **FUTURE-FEEDING** diye bir kavram üretip bu kavram üzerinde düşünmeliyiz! Geleceğimizi biz planlamalı ve şekillendirmeli, rüzgâra kapılanlardan olmamalıyız.

Bunları yazıyorum çünkü yeni mezunların kendilerini hemencecik meyve bahçesinde bulmayacak olduklarını bilmeleri gerektiğini düşünüyorum. **GELECEKTE NELER OLACAK?** sorusunu daha okulun birinci sınıfında kendilerine sormaları gerekir. Aynı soruyu tüm büroların da sormaları, planlarını buna göre yapmaları ve gidişata göre bu planlarını her sene revize etmeleri gerekir.

SEKTÖR NASIL GENİŞLER? ÇEVİRİ İHTİYACI NASIL ARTIRILIR?

Sorulması gereken sorular bunlardır. Neden krizde müşteri sayısı azalıyor diye sormanın anlamı yok!

Türkiye'de aylık yazılı çeviri hacminin ortalama 2.000.000 sayfa olduğu varsayımından hareket edersek, bu rakamı nasıl artırabileceğimizi düşünmemiz gerekir, zira kriz dönemlerinde bu rakamın %50 civarında düşmesi muhtemeldir.

Değişen ve gelişen dünyada nelerin değiştiğini ve geliştiğini düşünerek başlamak ve sonrasında ortalama 20 yıl içinde nelerin değişeceğine odaklanmak yerinde olacaktır.

BİR ÖRNEK:

Ayda ortalama 1000 sayfa çeviri hacmi olan bir büro bu hacmi nasıl artırabilir?

Böyle bir büronun 50-100 civarında sabit müşterisinin olduğunu düşünebiliriz. Bu müşterilerin her birinin sürekli çeviri ihtiyaçlarının olduğunu akıldan çıkarmamalıdır. Ancak bu ihtiyaçlar genelde **PASİF** durumdadır. Bunların **AKTİF** hale getirilmesi bizim de görevimizdir. Bir çeviri bürosunun 20 çalışanı olan bir **KOBİ** müşterisi olduğunu düşünelim. Çeviri bürosu bu **KOBİ**'nin ihracatına katkıda bulunmak için çözümler üretebilir, firmaya basılı ve basılı olmayan materyallerinin çevrilmesi gerektiğini hatırlatabilir, onlar adına tüm dünyada tanıtım çabasına girebilir ve tüm bunları yaparken farklı dillerin tercümanlarından faydalanabilir.

Kısaca **BEYİN FIRTINASI** yapmanın tam zamanıdır!

Resmi Evrak Çevirileri

Geçen yıllar içinde, tercümanların doğum belgeleri, okul transkriptleri, diplomalar, sürücü belgeleri, ikametgâhlar, sabıka kayıtları, ticaret sicilleri, nüfus kayıt örnekleri, kimlik belgeleri gibi resmi evraklara bakışlarının genelde ilgisizlikle küçümseme arasında bir yerde olduğunu gözlemledim. Sanırım deneyimli birçok çevirmen bu tür işleri **"çaylak vazifesi"** görüyor ya da bu türden çevirilere zaman ayırmak istemiyor, bu yüzden de bu tür işleri hizmet sahalarından çıkarıyorlar. Resmi belgeler benim de serbest çevirmenlik uğraşımın büyük bir kısmını oluşturmuyor ancak bana her yıl birkaç bin dolar gelir sağlıyorlar; üstelik zahmetsiz ve tatmin edici bir çalışma sonunda.

Resmi evrak çevirileri çevirmenler için caziptir, çünkü:

* Karlıdır. Kabul etmek gerekir, doğum belgesi çevirisi işten bile sayılmaz: yaratıcılık gerektirmez, üslubunuz aman aman iyi olmasa da olur... ama yine de saatlerce zaman ayırıp yaptığınız çeviriler kadar para kazandırır.

* Tatmin edicidir. Yeşil kart, vize, yurtdışı üniversite eğitimi ya da resmi evrak çevirisi gerektiren başvurularda bulunanlar dokümanlarını çevirecek deneyimli ve profesyonel bir kişi bulduklarında şükran duyguları beslerler.

* Planlaması kolaydır. Örneğin sürücü belgesi çevirirken, elinizde başka işler varken araya 50 sayfa iş almak gibi değildir. Resmi belge çevirileri genelde bir saatten az zaman alır, dolayısıyla araya alınmaları kolaydır.

* Müşteriler peşin ödeme yapar, bu nedenle takip veya tahsilât koşuşturmacasına girmenize gerek olmaz.

Başarılı resmi evrak çevirisi için birkaç ipucu:

* Sayfa ücreti ve noter tasdik ücreti belirleyin; böylelikle hem sizin hem de müşterinin işi kolaylaşır. Bu türden evrak için standart bir ücret belirlenmesi işlerinizi kolaylaştırır.

* Ödemeyi peşin alın. 50 TL alacak için günlerce bir başkasının peşinden koşmanız gerekmesin. Bu türden çevirilerde müşteriler peşin ödemeye daha istekli olacaktır.

* Çevirilerinizi iyileştirmek için Print Screen tuşunu veya bir grafik programını kullanın. Birçok resmi belgede mühür, kaşe, logo ve benzeri "ikincil içerik" bulunur. Print Screen veya bir grafik program kullanarak bu türden içeriği çeviriye dâhil edebilirseniz bu şekilde bütünüyle resmi gözüken bir çeviri elde edebilirsiniz.

Konsolosluklar, dil okulları, yurtdışı üniversiteler, uluslararası değişim programları ve benzer kurum-kuruluşların resmi evrak hizmetlerinize ihtiyacı var.

2011 Yılı Telif ve Tercüme Ücret Tarifesi

İstanbul Büyükşehir Belediyesi (İBB), Türk tiyatrosuna yeni eserler kazandırmak, yazarları desteklemek için telif ücretlerinde yeni düzenleme yaptı. İBB Meclisi'ne sunulan İBB Tiyatrolar Müdürlüğü'nün "2011 yılı telif ve tercüme ücret tarifesi" kabul edildi. **Yeni düzenlemeye göre, yerli ve yabancı roman, hikâye gibi edebi eserlere, müzikal oyunlara, çeviri ve uyarlamalara, hâsılatın %10 ila %35 oranında telif ücreti verilecek.**

İBB'den yapılan yazılı açıklamada, yeni eserlerin kazandırılması ve yazarların desteklenmesi amacıyla sanatçıların telif ücretlerine yeni düzenleme getirildiği ifade edildi. Düzenlemeye göre, 5846 sayılı Fikir ve Sanat Eserleri Kanunu kapsamında eser sahiplerine, uyarlayıcılarına, çevirmenlerine, müzik eserlerinin bestecilerine oyunun toplam hâsılatı üzerinden telif hakkı ödenecek.

Ayrıca, yerli ve yabancı roman, hikâye gibi edebi eserlere, müzikal oyunlara, çeviri ve uyarlamalara, hâsılatın %10 ila %35 oranında telif ücreti verilecek. Açıklamada, yeni düzenlemeyle gelecek nesillere kalıcı eserler bırakılabilmesi, yerli ve yabancı drama edebiyatın desteklenmesi ve geliştirilmesi, Türkçe dilinin güçlendirilmesi, yeni tiyatro eserlerinin kazanılması hedeflendiği belirtildi.

Kabul edilen teklifin bazı maddeleri şöyle;

Konusu ve içeriği yerli olan oyun metinlerinin yazarın hayatta olmaması halinde yasal mirasçısı ya da mirasçılarına hasılasın yüzde 35'ine kadar telif ücreti olarak ödenecek.

Yabancı menşeli oyun metinlerinin yazarına, çevirmenine eğer hayatta değillerse yazarın ve çevirmenin mirasçısı ya da mirasçılarına, müsaade alındığına ve maddi bakımdan bir anlaşamaya varıldığına dair usulüne uygun bir sözleşme yapılması halinde hasılatın % 30'una kadar telif ücreti ödenecek, bu teklif yüzde 15 yazara, yüzde 15 çevirmene eşit olarak paylaştırılacak.

Koruma süresi bitmiş yerli müzikli oyunlar için bestecisine ve eğer varsa söz yazarına bayatta değillerse mirasçısına ya da mirasçılarına müsaade alındığına ve maddî bakımdan bir anlaşmaya varıldığına dair usulüne uygun bir sözleşme yapılması halinde besteciye ve eğer varsa şarkı sözü yazarına hasılatın %15'ine kadar telif ücreti olarak ödenebilir.

Not: Anlaşılması açısından şunu belirtmekte yarar var: örneğin bir tiyatro eserini çevirir ve Devlet Tiyatrolarına veya İBB'ye sahnelenmek üzere başvurup kabul ettirirseniz hasılatın yüzde 10 ila 35'i size ödeniyor!

Gelecek: Görüntülü Konferans Çevirmenliği

Hepimizin bildiği klasik uygulama şöyledir: simültane çeviri ihtiyacı olan kuruluş uzman bir çeviri bürosunu arar ve bir etkinlik için ardıl/simültane tercüman ihtiyacını bildirir. Bu uygulamada ücretlendirme tercümanın bürodan çıkmasından itibaren başladığı için, müşteriler tercümanın yolda geçirdiği zamanın parasını da ödemek durumunda kalırlar.

Diğer yararlarını tek tek saymaya lüzum yok ancak Amerika'daki büyük şirketlerin, bankaların vs. çağrı merkezlerinin Hindistan'da, birçok gökdelenin, sanayi kuruluşunun ve büyük işletmenin güvenlik kameralarının bir ucunun -daha ucuz işgücü imkânları sunan- diğer ülkelerde olduğunu hepimiz biliyoruz.

Peki aynı uygulama ardıl ve simültane çeviri için burada da yapılabilir mi? Örneğin, Notere bir yabancı bir işlem için geldiğinde Noter büronuzu arar ve tercümanlık talebinde bulunur. Bütün işlerinizi bir kenara bırakıp gitmek yerine sesli-görüntülü bağlantıyla Notere bağlanıp tercümanlık hizmeti sunsanız nasıl olur? Ya da belki de bir konferansa hiç gitmeden konuşmacının konuştukları kulağınıza, görüntüsü ekranınıza gelse ve konuşulanları bu şekilde çevirseniz...

Tercüme büroları görüntülü çağrı merkezlerine mi dönecek? Telefonda tercümanlık hizmeti sunan yerler olduğunu biliyoruz. Amerika'daki hastanelerde tercümanların görüntülü bir sistem yardımıyla hastalarla doktorlar arasında çeviri yaptıkları sistemler mevcut.. Bir zaman sonra tercüme bürolarının da çağrı merkezleri gibi olmaması işten bile değil!

Onlar Çeviriyor Milyonlar Seyrediyor

Nick'imi söylediğimde bile herkesin tavrı değişiyor

SÜPER güçleri olan kişileri, bu güçlerini keşfetmelerinden sonra karmaşıklaşan hayatlarını anlatan Heroes adlı dizi Türkiye'de de çok beğenilerek izleniyor. Dizinin bu yıl üçüncü sezonu başladı. Televizyondan önce internette izlenebilen diziye alt yazı yazan ise Darkopal lakaplı kişi. Bir şirkette grafiker olarak çalışan Darkopal, son sekiz yıldır çeviri yapıyor.

Smallville, Terminator ve Life dizilerine de Türkçe altyazı yazan Darkopal, bu işe neden girdiğini şöyle anlatıyor: 'Belli bir dönem film ve dizi çevirisi yapanların sayısı çok azdı. Bir gün Kayıp Balık Nemo'yu izledim. Çevirisinden rahatsız oldum, Türkçe karşılığı olan bazı kelimeler İngilizce olarak bırakılmıştı. 'Daha iyisini yapabilir miyim?' sorusu aklıma takılınca da oturup çevirmeye karar verdim. Gerisi de çorap söküğü gibi geldi.'

Doktor Jivago, Darkopal, Asmodeus, Neottoman... Bu isimleri dizi ve filmlerden tanıyoruz ama onlar ne dizi ne de roman kahramanı. İşleri internetten indirilen dizilere gönüllü olarak altyazı hazırlamak. Sanal ortamda büyük saygı görüyorlar ve pek çok film şirketi onlara iş teklifinde bulunuyor

HİRO'YA ÇOK GÜLÜYORUM

'Heroes'ta konuşmasını çevirirken en zorlandığınız karakter hangisi?' diye sorduğumuzda Darkopal şu yanıtı veriyor: 'Hiro Nakamura. Saflıklarına gülmekten çeviri yapamıyorum.' Çeviri işine girdikten sonra bir yayınevinden kitap çevirisi ve başka bir firmadan da altyazı ve dublaj çevirileri hazırlaması için teklif aldığını anlatan Darkopal 'Adımı değil de nick'imi söylediğimde, insanların tavrı bir anda değişiyor, farklı yaklaşıyorlar. Çevirdiğiniz diziler hakkında karşılıklı tartışabiliyorsunuz ki bu çok güzel bir duygu' diyor.

'Biz sizin yüzünüzden battık' diyenler var

TÜM bu altyazılar divxplanet.com adresli siteden indiriliyor. Sitenin 55 bin üyesi var, ayda 500 bin altyazı indiriliyor. Siteyi 2004 yılında Neottoman lakaplı reklam ve yayın sektöründe çalışan kişi kurdu. Başka ülkelerin filmleri de izlenmeli anlayışıyla yola çıktığını belirten Neottoman, siteyi neden açtığını şöyle anlatıyor: 'En basit örneğini verecek olursak, sinema dünyasının efsane ismi Akira Kurosawa'yı Türkçe altyazıyla izlemek için tek alternatifiniz bi site. Ya da yükselen çizgisiyle çarpıcı yapımlara imza atan Asya Sineması'nı izlemenin tek yolu yine biziz.'

Bir ayda yaklaşık 7 milyon kişinin tıkladığı siteden kar etmediğini belirten Neottoman, zaman zaman alınan reklamların sunucu giderleri ve forum lisansları için harcadıklarını söylüyor. Neottoman'ın kendisi de çeviri yapıyor. Şimdiye dek 50 film çevirmiş, bunun yarısı Asya sinemasından örnekler. Bu işi yapmaya başladıktan sonra iş teklifi de aldığını belirten Neottoman '10 binin üzerinde sinema filminin Türkçe altyazısına sahip olan bir sitede yönetici konumunda olmak gurur verici' diyor.

Korsan DVD satanların kendisinden şikâyetçi olduğunu belirten Neottoman 'Bize 'Sizin yüzünüzden battık, kimse film almıyor' diyorlar. Bu iş yarı yasal, yarı değil. Ama biz yapmazsak başkası yapacak. Sonuçta korsanı da bir anlamda önlüyor' diyor.

Tüm dünyada bir dizi çılgınlığıdır sürüyor... Her bir bölümü film gibi çekilen Lost, Heroes, 24, House M.D., Prison Break'in başı çektiği daha pek çok dizi ABD'de yayınlanıyor, oradaki dizi fanatikleri yayınlanan bölümü hemen internete koyuyor ve tüm dünyaya servis ediyor.

Dizi fanatikleri dünyanın neresinde olursa olsun diziyi internetten izleyebiliyor. Altyazısı olmayan bu dizileri İngilizce bilmeyenler de seyretmek istiyor. İşte bu noktada devreye altyazı çevirenler giriyor.

BİLGİSAYAR BİLMEK ŞART

Türkiye'de bu işi gönüllü yapan onlarca kişi var. Diziyi internetten indirdikten sonra İngilizce alt yazı metnini de alıyorlar. Sonra metni Türkçe'ye çeviriyorlar. Ardından bu Türkçe metni diziyi izleyerek, diyalogları sahnelere yerleştiriyorlar. Bu, İngilizce ve bilgisayar bilgisi gerektiriyor. Çeviriyi yapanlar, genelde o dizinin fanatikleri. Bu işe birkaç gün ayırarak milyonlarca bütçe ayrılarak çekilen dizilere ufak da olsa bir katkıları olduğunu düşünüyorlar. Dizi altyazılarının indirildiği siteyle ilgili son üç yıldır ciddi yasal bir durum şimdiye kadar olmamış ve onlar bu işi gönüllü yaptıkları için kimsenin hakkını yemediklerini düşünüyorlar.

Peki kim bunlar, neden bu işi gönüllü yapıyorlar? İşte yanıtları...

Sevdiğim filme ben de imza atıyorum

Sanal âlemdeki lakabı Asmodeus olan dizi ve film sever ise bir internet sitesinde editör olarak görev yapıyor. Asmodeus, son sekiz yıldır çeviri yapıyor: 'Eskiden DVD'ler Türkiye'de pek yerleşmemişti, her filmin DVD'sini bulamıyordunuz ve çoğu filminde Türkçe altyazısı olmuyordu. O zamanlar internet ortamında tanıştığım DivX severler bu projeye yeni yeni başlamıştı. Ben de hoşuma giden filmlerin altyazılarını çevirdim.'

Asmodeus şimdiye dek X-Files ve Taken adlı dizilere altyazı çevirdi. Ama onu sanal âlemde ünlü yapan asıl çevirisi Yüzüklerin Efendisi adlı filmle oldu. Filmin tüm serisini çevirdi. Bunun dışında tam 24 filmin daha altyazısına imza attı. Profesyonel iş teklifi aldığını da belirten Asmodeus, bu işin manevi getirisini şöyle sıralıyor: 'İsmim o dizileri ve filmleri izleyenler tarafından biliniyor. Ve bol bol teşekkür alıyorum. En güzeli ise sevdiğiniz bir yapıma ufaktan da olsa bir imzanızı atabilmek.'

House'u Türkçe konuşturan kişi Şırnak'ta doktor

HİÇ kimsenin tanı koyamadığı hastalıklara tanı koyarak onların hayatlarını kurtaran ama bu arada ekibindekilerin psikolojilerini de sürekli bozan Dr. Gregory House'un maceralarının anlatıldığı House M.D. adlı dizi Türkiye'de de çok izleniyor. Bu dizide çok fazla tıbbi terim geçiyor. Hal böyle olunca bir doktor, dizinin altyazısını hazırlamak için gönüllü olmuş. Şırnak'ta görev yapan 'Sacit'. Bu diziyi çok sevdiğini anlatan Sacit, son altı yıldır çeviri yapıyor. Şimdiye kadar Grey's Anatomy, Dark Angel, Flash Gordon, gibi dizilerin altyazısını çevirmiş. Bu işe İngilizcesini geliştirmek için başlamış ancak sonrasında hobisi haline gelmiş: 'Şimdi çeviri yapamadan duramıyorum. Bir eser çıkarmanın verdiği haz bende bir çeşit bağımlılık yaptı.'

Sacit, dizinin bir bölümünün çevirisinin 7-8 saat sürdüğünü söylüyor: 'Dizide çok fazla tıbbi terim var. Takıldığım bir hastalıkla karşılaşınca hem çeviriyi yapmak için hem de mesleki merakımı giderip bir şeyler öğrenmek için araştırma yapıyorum.'

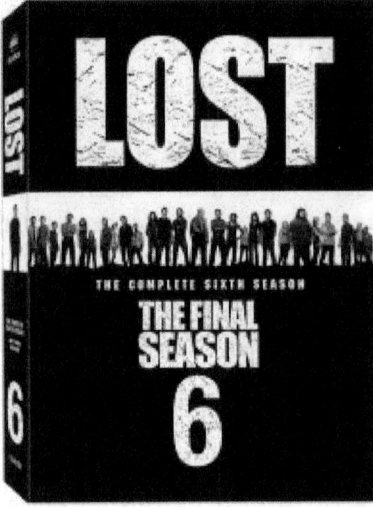

Lost onu da şöhret yaptı.
DÜNYAYI kasıp kavuran dizi kuşkusuz Lost... Bir uçak kazası sonrası başlayan gizem dolu macerayı anlatan diziyi çeviren ise Dr. Jivago... Bu diziyi internetten indirip de izleyenler için altyazıyı çeviren Dr. Jivago, her bölüme bir de not düşüyor: 'Dr. Jivago iyi seyirler diler.' Bilgi teknolojileri uzmanı olan Dr. Jivago, 10 yıldır bu isimle sanal dünyada olduğunu söylüyor. Son beş yıldır çeviri de yapan Dr. Jivago 'George Orwell'in 1984 romanının filmini buldum ama Türkçe altyazısı yoktu. 'Madem İngilizce biliyorum, neden çevirmeyeyim?' dedim ve çeviriye başladım' diyor. Bugüne kadar sayısını bile hatırlamadığı kadar diziye altyazı çevirmiş ama onu şöhret yapan Lost oldu. Dizi o kadar çok seviliyor ki ABD'de yayınlandıktan hemen sonra internetten indirilebiliyor.

Dizi, Dr. Jivago'yu da meşhur etmiş: 'Eşimin arkadaşları benim Dr. Jivago olduğumu öğrenince çok şaşırmışlar ve tanışmak istemişler. Bir yerde Lost'un bahsi açılıp, arkadaşlarım beni tanıdıklarını söyleyince, oradakiler hakkımda sorular soruyorlarmış.' Dr. Jivago, bir DVD şirketiyle üç yıldır free-lance olarak çalışıyor. İnci Döndaş/Star

Tercümanlığın geleceği XML'de mi?

"Microsoft Başkanı Steve Ballmer 2001 yılı Mart ayında internetin geleceğinin XML olduğunu söylemişti. Biraz abartmış galiba. Sekiz yıl geçti, hala bekliyoruz.." diyenlerin seslerini duyulur gibiyim.

Bilenler bilir.. XML ciddi yol kat etti o günden bu yana. Örneğin Amerikan İlaç İdaresi FDA, 2005 yılı sonundan beri Amerika'da satılacak tüm ürün insörtlerinin XML formatında teslim edilmesini istiyor. Şu anda ilaç firmaları verilerini yapılandırılmamış formatlarda hazırlamaya (ve çevirilerini yapmaya) devam ediyorlar. Benzer işlemler XML formatında çok daha az zaman ve emek gerektirdiğinden, yakın zamanda bu tür bir dönüşüm beklenebilir. Şu anda bir çevirinin Masaüstü Yayıncılık (DTP) gerektiren kısımları, XML devreye girdiğinde ortadan kalkacak ve çevirmenler işin kendi uzmanlık alanlarına girmeyen DTP kısmını bir kenara bırakarak, sadece dil becerilerini konuşturacaklar. Tabi avuç içi bilgisayarlar ve tablet bilgisayarlarda XML'in çok büyük kullanım alanı bulacağını da unutmamak gerekiyor.

XML NEDİR?

- XML de HTML gibi bir kodlama dilidir.

- HTML bir web sayfasına şekil verirken XML, belgelerin içeriği ile ilgilidir.

- XML her türlü uygulamada veri standardını oluşturmak için geliştirilmiştir.

- XML internet üzerinden veri aktarılması konusunda bir standarttır.

- Verinin depolanabileceği bir yapı sağlar. Bu özelliği ile XML aynı zamanda bir çeşit veritabanıdır.

- XML yalnız web için üretilmemiş olsa da en fazla kullanım alanı web teknolojilerindedir.

XML ile neler yapılabilir?

· XML kullanılarak bir web sitesinden diğer bir web sitesine anında veri aktarımı sağlanabilir.

· XML ile bir web sitesinden bilgisayarımızdaki XML-RSS programı yardımıyla anında en son haberleri görebiliriz.

· XML, bir veritabanı olarak kullanıldığında veri aktarım hızı son derece hızlıdır.

· XML ile FLASH dosyalarına dinamik veri aktarımı sağlanabilir. İçeriğinin her an değişebileceği FLASH uygulamaları üretilebilir.

İnternet Tercümanlara Neler Sağlıyor?

Nüfusumuzun genç olduğu düşünüldüğünde, milyonlarca insanın teknolojinin birçok nimetinin aslında ne anlama geldiğini bilmediğini kestirmek zor değil. Çamaşırlarını yıllarca elde yıkayan biri için çamaşır makinesi ve yıllarca kömürle soba yakan için doğalgaz ne ifade ediyorsa, yıllarca samanlıkta bilgi arayanlar için de internet onu ifade ediyor aslında.

ATOM ANT

Yüzyıllar içinde güç önce kılıçtaydı, sonra baruta geçti, sonra sanayi gücüne, teknik güce ve ekonomik güce... Şimdilerde güç bilginin eline geçmiş durumda. Yıllarca bilginin güç olduğunu söyleyenleri belki yeni yeni anlamaya başladık. Önceleri örneğin bir Ford firmasının sahibi, Shell petrol şirketi gibi çok uluslu şirketler serveti ve gücü kontrol ederken, şimdilerde çok daha karmaşık bir yapı hakim olmaya başladı aslında. Beyin gücü ve internet bir araya geldiğinde büyük servetlerin ve güçlerin kapısı ardına kadar açılır oldu. Böylece şimdilerde en zenginler ve güçlüler internet siteleri sahipleri olmaya başladı. Bu dönüşümü 10 yıldır gün gün takip etmek mümkün. Dün 500.000 dolarla internet işine girenlerin bugün 100 milyon dolar servetleri oldu. Tabi aynı oranda da güçleri.. Herkes gibi tercümanların da bu geçişi iyi okumaları ve geleceği buna göre şekillendirebileceklerini bilmeleri lazım. Kılıçla savaş kazanılan devirler geride kaldı artık.

Tercümanların artık "arama" yapmasını, yani bilgiye erişim kanallarını çok iyi bilmeleri gerekiyor. Sadece Google'a girip iki kelime yazmakla olmuyor. Bu herkesin bildiği basit yöntem.. Daha derine ulaşılabilecek yöntemler ve dip bilgiler var. İşte bunların bilinmesi, tercümanlara hem yaptıkları çevirilerde hem de gelecek kurgularında büyük faydalar sağlayacaktır.

Örneğin, İngiliz Lordlar ve Avam Kamaralarının oturum tutanaklarına ulaşmak için belki İngiltere'ye gitmek gerekiyordu ama şimdilerde Hansard'a internetten ulaşmak 3 saniye sürüyor! Birçok alanda daha önce yapılmış çevirilere bakılarak çeviri yardımı alınabiliyor. Tıp alanında, hukuk alanında yüzbinlerce makaleye ulaşmak mümkün şu anda. Eskiden kütüphanelerin uğranmayan, gidilmeyen tozlu raflarındaki bu bilgiler artık bir tık ötede. Bu belki bir avantaj bizim için..

İnsanımızın kütüphanelerden uzak durduğunu ama internete ve teknolojiye yakın olduğunu bildiğim için, internetin bizi bilgiye ve dolayısıyla medeniyetin olmazsa olmazları olan teknik ve estetiğe yaklaştıracağını düşünmek istiyorum.

Bildikleri yabancı diller sayesinde, bu teknik ve estetiğe tercümanlar ilk ulaşanlar olabilirler. Haddizatında tercümanlar internetin öncüleri olabilecek konumdadırlar. Brezilya'da en çok ziyaret edilen sitenin ne olduğunu bilmek ve bu siteyi takip edebilmek ancak tercümanlık derecesinde yabancı dil bilgisiyle olacaktır. Buradan hareketle, tercümanlık mesleği internette yeni konseptler getirmeye en yakın meslektir. Bu açıdan tercümanlar internet pastasından daha fazla pay almanın yollarını düşünmeli ve bulmalıdırlar. Bir lise öğrencisinin bile basit bir site kurup yüzbinlerce kişiye ulaşabildiği bir ortamda bizler çok daha farklı hedeflere ulaşabilmeliyiz.

Madem iki dil bilen iki insan, o halde lisan bilgimizle -yani iki elimizle- birçok kişinin tek eliyle yapmaya çalıştığından fazlasını yapabiliriz! Artık uluslararası ve çok-dilli siteler yapmanın zamanı geldi de geçiyor.. Önümüzdeki 5 seneyi iyi değerlendirip bu treni kaçırmamalıyız.

Yeni Başlayanlara Gönderdiğim Email

Email yoluyla her gün beş on kişi başvurduğu için, başvuran tercüman adaylarına standart olarak aşağıdaki metni göndermeye başladım.

1- Öncelikle sözlü/yazılı seçiminizi yapın..

2- Ardından bir alanda iyi bir uzman olun; mesela, Tıp denince sizi bulalım.. ya da bilgisayar / hukuk vb. sizin alanınız olsun.

3- Çok iyi klavye bilginiz olsun. Klavye kısayollarını yutun.

4- İnternette neyi nasıl arayıp bulabileceğinizi çok iyi bilin. Altın bileziğiniz "aradığını bulabilmek" olsun. Çünkü tercümanlık sürekli arayış demektir. Hep bir kelime vardır peşinden koştuğunuz, anlamını aradığınız...

5- GOOGLE'ı tüm özellikleriyle çözün.

6- Hızınızı artırmak için sürekli çeviri yapın.. Kâğıt kalem kullanmayın. Doğrudan bilgisayarda çeviri yapın.

7- TRADOS yazılımının deneme sürümünü indirip öğrenin. Bu sayede www.proz.com, translatorsdirectory vb adreslerden zaman içinde uluslararası işler alabilirsiniz. Tabi bunun için Moneybookers ya da Paypal ödeme sistemlerine de üye olmanız gerekecektir.. yaptığınız işin karşılığını alabilmek için.

8- Word ortamında sayfaları nasıl düzenleyeceğinizi öğrenin. Sayfa düzeni işin yarısıdır.

9- Genel anlamda yazılı çeviriden bahsettiğim için, bilmediğiniz kelimeleri GOOGLE'da nasıl bulabileceğinizin yöntemlerini keşfedin... İnternetsiz (internet olmayan yerde) tercüme yapmayın. Yazdığınız bir ifadeyi "" içine alarak GOOGLE'da aratın. Alternatiflerini ya da doğru yazımını bulabilirsiniz. Google'da arama yaparken asteriks (*) kullanımı öğrenin. Kurduğunuz cümlenin doğru olup olmadığını bile GOOGLE'dan kontrol edebilirsiniz.

10- Türkiye'de tercüme bürolarıyla çalışmak istiyorsanız günde 20-30 sayfa çeviri yaparım deyin ki ilgilensinler... Tabi öncelikle o noktaya gelin...

11- Yaptığınız çeviriyi her zaman müşteriye teslim edilecek halde teslim edin.. Sağına soluna bakın. Kalite kontrollerini yapın.. Öyle teslim edin. Asla kontrolsüz iş vermeyin.

12- Yeminli tercüman olmak için notere gidip dil bildiğinizi gösterir bir diploma ve kimlik ibraz etmeniz şimdilik yeterlidir. Noter size bir sayfa Yemin Zaptı imzalatır ve işlem tamamdır. Ücretsizdir. Ancak yakın zamanda tıpkı yeminli mali müşavirler gibi bu alanda da sınavlar açılacağı için kendinizi çeviri yaptığınız alanda sürekli geliştirin ve sınanmaya hazır olun.

13- İkamet ettiğiniz adrese çeviri yapacağınız dillerde haftalık bir iki dergi (Newsweek ve Der Spiegel gibi dergiler; Bilgisayar, Hukuk, Tıp vb. alanlarda yayınlar vs.) sürekli olarak gelmeli...

14- Cumartesi günleri tercüme bürolarını ziyaret edin ve bir bardak çaylarını için. Çekinmeyin. Piyasayı koklayın. Can sıkacak, rahatsız edecek kadar uzun oturmayın. Hasta ziyareti 20 dakika olur. 20 dakikadan sonra hasta "ben ölmek istiyorum" diyebilir. Hiç gayret etmeyin.. içinden diyeceği için duyamazsınız bu sesi.

15- Hızlı bir bilgisayarınız olsun. Bilemediğiniz kelimeleri GOOGLE'dan bulmayı tercih edin. Eski sözlüklerinizi çöpe atın. Kalemle çeviri yapmayın. Ortaokul çocuğu gibi çevirdiğiniz belgelerin üzerini karalamayın, kelimelerin altını çizmeyin. Unutmayın, yakın bir gelecekte yazının ve bilginin önemi çok daha fazla artacak, ancak kalem bu kadar önemli olmayacak. Kalemler cep telefonlarının hayatımıza giriş hızıyla hayatımızdan çıkacak ve yakın gelecekte nostalji ürünü olacaklar. Kalem ve kâğıdı dekoratif (ve belki sanatsal) malzemeler olarak düşünmeye kendinizi alıştırın.

16. FARE'ye elinizi az sürün, KEDİ'yi kullanın. Söz konusu olan yazılı çeviri ise, Napolyon ağzıyla özetliyorum: Klavye Kısayolları.. Klavye Kısayolları.. Klavye Kısayolları..

Bilinmeyen Kelimeler

Vakti zamanında bir günümü bir kelimeyi bulmak için geçirdiğim oldu. Onlarca kalın sözlük karıştırdım hatta öyle oldu ki kalın sözlüklerde elimi attığımda aradığım kelimenin sayfasını bir çırpıda buldum. Çoğu kez bir kelimeyi bulmam 3-4 saniye kadar zaman almaya başlamıştı. Neredeyse yarı otomatik duruma gelmiştim kelime bulma konusunda. 2000 öncesi hardcopy (matbu) sözlükler kullanıyordum. İnternetteki Türkçe sözlükler o kadar gelişmemişti o tarihlerde. Babylon gibi siteler ve yazılımlar, Moonstar gibi basit sözlükler vardı.

Daha sonra Redhouse'un Mavi CD sözlüğünü kullanmaya başladım. 2000lerin başında. Ctrl+Tab tuşlarına basarak Word'den Sözlük programına geçişimi hızlandırmıştım. Ortalama kelime bulma sürem 2 saniye kadar oluyordu bu şekilde. Sonradan fark ettim, bildiğim kelimelere daha sık bakıyordum. Bunun sebebi ikinci, üçüncü, dördüncü, beşinci.. anlamlarını bulmak ve yaptığım çeviriye zenginlik katmaktı. Ayrıca bu sayede, bildiğim kelimelerin bilmediğim birçok anlamı olduğunu da öğrendim. Aslında üçüncü beşinci anlamlar çok zaman daha fazla işime yaradı. Örneğin **observe** kelimesini aratırken çoğu zaman aradığım anlam **gözlemek, incelemek, gözlemlemek** vs. değil, **riayet etmek, uymak, yerine getirmek, dikkat etmek** oldu. Ya da, **adopt** kelimesini ararken bulmak istediğim anlam **benimsemek, evlat edinmek** vs. değil, **kabul etmek** oldu çok zaman.

Bazen **fiilli deyimler**in (**phrasal verbs**) farklı kullanımları olduğunu gördüm. Hala daha bilmediğim birçok bu tür deyim var ancak benim yaklaşımımda **bilmek** değil **bulabilmek** ön planda oldu. Öğrenmeyi öğrenmek dedikleri bu olsa gerek. Öğrenmiş bitirmiş olmak mümkün olmadığına göre sürekli öğrenme döngüsü içinde olan bizler için **aradığını bulabilmek** çok önemli. Bunun için de beyni kullanıp düşünmek gerekiyor. Bazen beynimi kullandığım yazılımın programcısı kadar zorladığımı düşünüyorum. Mesela Google'da kelime ararken öyle yöntemler geliştiriyorum ki bazen ben de nasıl olup da bu kadar açılabildiğimi merak ediyorum.

Google'ı nasıl kullandığıma bazı örnekler vermek istiyorum: Çok önceleri **şap** kelimesini hardcopy sözlüklerde arayıp bulamamıştım. Karşıma sürekli olarak **alum** anlamındaki kimyasal anlamı çıkıyordu. Yemeklere katılan şap anlamında. Benim aradığım inşaatlarda zemin düzeltme işleminde kullanılan şap kelimesiydi. Şu anda bu işlem çok kolay... Nasıl mı yapıyorum? Google'ın arama çubuğuna **şap mortar -sap** yazıyorum. Karşıma çıkan ikinci sonuç aradığım kelimeye yaklaştırıyor beni... **overlay, laying mortar, ceiling mortar**, **ceiling plaster**... Biraz daha aratıyorum... Bu kez boşluğa **şap proz -sap** yazıyorum bu kelime daha önce Proz'da (tercüme ile ilgili en aktif internet sitesi) tercümanlar tarafından yazılmış mı görmek için... Çıkan sonuçlarda **şap altı** ifadesi için **under-screed** kullanılıyor. Dikkatimi çekiyor. Hemen **screed** kelimesini Google'ın Grafikler kısmından aratıyorum. Karşıma şap uygulaması ile ilgili birçok resim çıkıyor. Buldum aradığımı..

Ama daha ileri gidiyorum.. Bu kez Google'da **define: screed** yazıyorum. Karşıma **A layer of mortar laid over a concrete floor slab** ve **Final, smooth finish of a solid floor; usually cement, concrete or asphalt** gibi anlamlar çıkıyor. Bulduğumdan emin oluyorum... Karşıma **levelling mortar** gibi anlamlar da çıkıyor. Ama bana kelime karşılığı değil de açıklama gibi geliyor bu tür ifadeler. Bunlar aranan kelime hiç bulunamazsa anlatmak babından kullanılabilir. Yine de yapılması gereken birebir karşılayan kelimeyi bulmak...

Ama bir adım daha ileri gidiyorum... Bu kez **screed synonym** yazıyorum Google'da.. çıkan beşinci sonuçta "in the UK a **screed** is a. synonym for what people in the U.S. call a **topping**— a layer of concrete or mortar placed to form a floor..."

ifadesi çıkıyor. Demek ki topping = screed diyorum...

Tabi Google'da **overlay mortar, topping concrete** gibi ifadeler de görüyorum **şap harcı, şap betonu** gibi ifadelerin karşılığı olarak.. Başka birçok kelime de çıkıyor ama ben alacağımı alıyorum. Bu arada konuyla ilgili birçok kelimeyi de daha arama sayfası (siteyi ziyaret bile etmeden) üzerinde görüyorum. Siteyi ziyaret etmem gerektiğinde genelde Google'ın **Önbellek** veya **HTML olarak görüntüle** opsiyonlarını kullanıp PDF, Word gibi belgelerin daha hızlı ve resimsiz açılmalarını sağlıyorum. Çok hızlandırıyor beni. Tabi buna Firefox kullanırken bağlantıların yeni sekmede açılması da eklenince hız çok artıyor. Gördüğüm bir linki açmak için CTRL tuşuna basıp Mouse ile link üzerine tıkladığımda link yeni sekmede açılıyor.

Tıp (veya bilimsel makale) çevirisi yaparken de genelde şu şekilde yararlanıyorum Google'dan... Bulmak istediğim kelimenin yanına abstract ve özet kelimelerini yazıyorum. Örneğin **"dental bleaching"** **abstract özet** yazıyorum. Karşıma çıkan ilk makaleyi **Önbellek**'ten hızlıca açıp makale özetini tarıyorum. Kelimenin anlamı hemen çıkıyor: **"dental ağartma"**.

Bir başka örnek: Diyelim ki **apandist** kelimesini arıyoruz. Bu kez **apandist abstract özet** yazdığımızda karşımıza çıkan linklerden birkaçını ön bellekte ve sekmede açarak özet içeriklerinden **apandist** kelimesi karşılığının **appendicitis** olduğunu öğreniyoruz. Bazen makale özetlerinin Türkçesi ve İngilizce metinleri ayrı sayfalarda olabiliyor. Türkçe Özeti gösterilmişse, sayfadaki Abstract kelimesine tıklayarak İngilizce özetini de görebilir ve makalede kullanılan kelimeler arasında karşılaştırma yapabilirsiniz. Neticede aradığınız her kelime ile ilgili Türkiye'de en azından Özet kısmı İngilizce ve Türkçe olarak yayınlanmış bir makale bulmanız çok kolay. Kapsama alanı dışında çok az kelime kalabiliyor. Zaten bu kelimelerin hardcopy sözlüklerde bulunması ihtimalin epey dışında.

Demek istediğim, teknik bir kelimeyi ararken birçok yöntem kullanıyorum. Burada birkaçını anlattım. Zaman içinde daha çok örnek vererek Google'da aranan bir kelime ya da herhangi bir şey nasıl bulunur anlatmaya çalışacağım.

Günlerin Akışı

İlk zamanlar bir tercüman olarak günlerin nasıl aktığının farkında bile olmadım. Hala daha günler benim farkındalığımın ötesinde bir hızla akıyor denebilir. Aslında günlük akışın bu hızda olmasını bir ölçüde ben istedim. Hayatımın bir kısmını salt-öğrenme, salt-çalışma, salt-uygulama şeklinde geçirip kalan kısmını danışmanlık, yönetim, organizasyon, ortaklıklar gibi daha relaks faaliyetler için geçirmeyi planladım bir anlamda.

Amerika'nın bile bütün projeleri masa başında tasarlandığı gibi gitmeyebiliyor bazen. Ben de az biraz yavaş kaldığımı görüyorum yol haritamın uygulanmasında. Belki ekonomik krizin de bunda etkisi olabilir ama daha çok benim kaotik yaşama hevesimin ve organizasyon eksikliğimin etkisi var sanırım. Bir tercümanın her gününü derli toplu ve rahat yaşayabileceğini hiç düşünmedim. Zaten öyle olsam tercüman olmak yerine Tercüman gazetesinde falan çalışırdım herhalde..

Bir tercüman -en azından hayatının belli bir döneminde- rahat olmak istemeli mi? Kişi eğer öğrenmeyi önem sıralamasının en altlarına koymuşsa rahat olması zaten zordur belli dönemler. Elma bile kırmızı olmadan önce günlerce güneş altında kalıp yanmak durumunda.

Özellikle yeni başlayanların acele etmeleri gerekiyor dilin nüanslarını hızla öğrenmek konusunda. Tabi kendi tercüme / çeviri tarzlarını yakalamak konusunda ne kadar acele edilse boş. Çünkü bunu tamamen zaman şekillendiriyor. İster yazılı ister sözlü çevirmen / tercüman olun, tarzınızı belirlemek büyük oranda zaman içinde edineceğiniz tecrübelere kalıyor. Ama kişinin yapabilecekleri de var bu sürecin akışını hızlandırmak için. Kişisel olarak, örneğin birkaç ay şehirden uzaklaşıp kendi kendime sürekli olarak okuyup, konuşma pratiği yapayım istedim. Bu zamanı ayırabilecek kişiler kendilerine büyük iyilik yapmış olurlar. Kitabınızı kasedinizi sözlüklerinizi gazetelerinizi alıp ücra ve iletişim imkanlarından mahrum bir yerde iki ay kalmak.. Belki yarım üniversite eğitimi kadar etkili olurdu.

Boş bir adanın -gereğinden uzun kalmış olsa bile- Crusoe'ya kazandırdığı tecrübeyi düşününce, bu düşüncenin ütopik olmadığını anlıyorum. Thomas More kadar ütopik bir hayalim hiç olmadı. Hiç dört dörtlük bir gidişat istemedim. Bir şeylerin biraz eksik olması/kalması sanki bizi biz yapıyor. Huyumuzu belirliyor, karakterimize yön veriyor, günlük hareketlerimize etki ediyor. Eksiğimiz olmasaydı, huysuz biri olmasaydık... belki bu kadar gayretli de olmazdık keşfetmek ve öğrenme açlığımızı gidermek için. Eksiksizlik imkânsız ama sanırım iyi olan eksiklerini birer birer kapatarak yola devam etmek çünkü üst üste iki gün eksik gidenin sonu iyi olmuyor. Bir gün eksik gidiliyorsa ertesi gün eksik giderilmeli. Başka eksikler çıkabilir.. Süreç devam eder.. Ama eksikleri biriktirip yola devam etmek büyük yanlış olur. Kaosun bu kadarı fazla..

Sözlük okumak bile istedim bazen ama iradesiz oluşum yüzünden birkaç sayfadan sonra bıraktım. Demek ki bana göre bir şey değildi. Yada alıp başımı gideyim bir yerlere altı ay dönmeyeyim istedim. Ne büyük bir değişim olurdu benim için... O cesareti bulamadım kendimde heralde.. Cesaretin gelmesini beklemek Samuel Beckett'in Godot'unun gelmesini beklemek gibi.. İradesiz insana Godot gelmiyor. İstemek, cidden istemek lazım..

İlk zamanlar çok uğraştım belgelerin arkasını, satır aralarını görebilmek için.. Şimdilerde belgelerin benimle konuştuklarını bile hissedebiliyorum. Bazen hiç bilmediğim dillerde de çeviri yapıyorum! İsveççe, Danca, Çekçe, Malayca, Fransızca vb. Belge bana bakarken içini de döküyor sanki.. Bir boş vaktim olsa da üç beş dili birden öğrensem üç beş haftada diyorum. En azından yazılı tercüme yapmaya yeterli seviyede öğrenebilirim üç beş dili kısa bir sürede. O kadar kolay geliyor ki şimdi bakınca..

Çeviri yapmanın bana kazandırdıklarını belki ilk olarak 98 veya 99'da LES sınavına hiç çalışmadan ve hatta kalemim bile olmadan ansızın girip Türkçe paragraf sorularını bir hamlede sadece birkaç yanlışla yaptığımda anladım. Yanlışlar da fazla bilmenin eseri! Paragraf analitiğini müthiş öğrenmiştim bir kaç sene içinde. Cümleler önümde kendilerini göstermek ve anlatmak için sanki arz-ı endam ediyorlardı.. Eee, hal böyle olunca cümleyi anlamak da kolay oluyor, paragrafı çözmek de...

Bir de İngilizce gazeteleri okurken öğrencilik yıllarımda yaşadığım zorlukları yaşamıyor olmak beni şaşırtmıştı çeviri yapmaya başladığım ilk yıllarda... O kadar zaman merak etmiştim bu dili nasıl olup da iyi öğrenirim diye.. Cevaplar aslında siz beklemediğiniz zamanda geliyor. Pat diye daldan düştüğünüzde anlıyorsunuz olduğunuzu. O ana kadar başınıza geçen güneşten (tabi geçiyorsa) zamanın akışının farkına bile varmıyorsunuz...

Dilbilim, Filoloji, Tercüme

Bazen dilbilim ve tercümenin nerelerde kesiştiğini buluştuğunu düşünüyorum. Dilbilimsel unsurların çeviri yaparken bize ne kadar yardımcı olduklarını anlamaya çalışıyorum. Dilin şiirsel yanını, matematiğe bakan yüzünü, şifrelerini çoğu kez fark ediyorum ama şu an için bildiğimi adlandırmaktan uzak görünüyorum. Bu konuda açıklarımı gidermek istiyorum ama bir yandan da ünlü dilbilimci Ferdinand de Saussure gibi kişilerin dilin daha çok soyut taraflarında olmaları, dil felsefesi, semantik, fonetik, semiyotik, morfoloji vb. konularla ilgilenmeleri beni uzak tutuyor. Pratikte her birinin faydasını görmek ve hissetmekle birlikte bunun teorik tartışmasına girmek bana her zaman içinden çıkılmazmış gibi geliyor.

Bilgisayar Dilbilimi gibi alanlar belki beni daha çok çekebilir kendilerine. İnsan beyninin düşünme sistemini en iyi şekilde taklit edip yapay zeka (AI) alanında belli bir mesafe almak isterdim. Şu an için vakit bulamasam da, ilerde bu alanda ne kadar yazılı eser varsa okumayı düşünüyorum. Bu tür alanları istatistik bilimi gibi düşünüyorum. İşin içinde ne kadar çok kişi olursa doğruluk payı da o kadar artar.

Bazen tiyatrocuları televizyonda izlerim sürekli aynı konuları tartışıp dururlar tiyatro ile ilgili. Hâlbuki önemli olan tiyatroda ortaya konan eserdir. Bana öyle geliyor ki tiyatrocular ortaya koydukları eserlerden fazla televizyona çıkıp konuşuyorlar. Dilbilimin soyut tarafı da bana tuhaf geliyor. Önemli olan sahnede nasıl bir performans ortaya koyduğunuz. Akademik olmanın ötesine gidememiş bir bilim gibi geliyor bazen.. Sadece üniversite koridorlarında var... Böyle bilim olur mu? Fizik insanoğlunu uzaya çıkarmasaydı, kanunlarından yararlanıp cep telefonları yapılamasaydı ne kadar süre ayakta kalabilirdi? Türkiye'de dilbilimden yararlanılıp ortaya konmuş kaç eser var merak ediyorum.

Dilbilimi tercümenin tamamlayıcısı olarak hayal ediyorum bazen. Tıpkı atletizmin ve jimnastiğin futbolun tamamlayıcıları oldukları gibi.. Çevirmen kendini dilbilimin mantıksal ürünleriyle donatırsa yaptığı işte mesafeleri çok daha hızlı kat edebilecektir.

Dilbilim (Linguistik) ve Filolojinin (Philology) farklı yanlarını iyi anlamak gerekiyor. Biri daha çok dilin idealize (matematiksel) şekliyle, diğer ise dilin sosyal, tarihi ve kültürel miraslarıyla, etkileriyle ilgileniyor. Ferdinand de Saussure gibilerin konuşulan dili yazılı dile tercih etmeleri ve bu alanda çalışmalar yapmaları linguistiği tarihi daha eskiye dayalı filolojinin önüne geçirmiş gibi görünüyor. Belki birine dilin şiiri, diğerine de dilin matematiği demek uygun düşer.

1790larda (ve on sekizinci yüzyıl başında) Avrupalıların atalarını izlerini sürerken Hint Dili ve Avrupa Dilleri arasındaki bazı benzerlikleri keşfederek kendi dillerini Hint-Avrupa dil sınıfı altında tasnif etmeleri Dilbilime ilgilerini artırmış görünüyor. Hindu Tanrı Brahma ve Abraham (İbrahim), ve Brahma'nın eşi Saraisvati ile Abraham'ın eşi Sarai'nin isimleri arasındaki benzerlik ve buna benzer birçok yakınlık bu alanda çalışmaları hızlandırmış. Malum, müslümanlar gibi Batılılar da İbrahim'i "baba" kabul ediyor. Belki bu çalışmalarda East India Company adlı İngiliz şirketinin o tarihlerde orada bulunmuş olması ve sonrasında birçok yer adının İbraniceye benzediğinin fark edilmesi de etkili olmuştur. İbrahim'in sonradan (Tufan sonrasında) göç ettiği de biliniyor. Dilbilimin hep bir antropolojik tarafı var. Belki Fransız İhtilalinin (1789), yani ulusal kimliklerin ön plana çıkarıldığı devrimin bir etkisi bu. Ulusal kimliğini arayanların ilk baktıkları kaynaklar da genelde dil ve din oluyor.

Bu anlamda dilbilimin bir tarafı hep etnik/siyasi duruyor. Belki pratik hayatta pek anlamı olmayan Dilbilim üzerinde Üniversitelerin bu kadar durmalarının bir nedeni de budur. Tabi Avrupa Birliği'nin farklı etnisiteleri (belki *aryan* olanlarını) bir araya getirme ve dolayısıyla geniş anlamda bir "*diller*" projesi olması da Dilbilimin önemini artırıyor. Bu durum gramer, retorik, edebi eserler vs. ile uğraşan Filolojinin biraz daha geride kalmasına neden oluyor. Buradan bakınca hoş durmuyor bu gidişat. Estetik, sanat ve kültürün yerini mekanik, bilim ve etnisite almaya başlıyor. Farklı kültürleri birbirlerine yaklaştıracak tabanlar aranması gerekirken onları *aryan* olan ve olmayan şeklinde ayıran Semitik(İsrail'e ait), Helenik(Yunan'a ait) ve Kıptik(Mısır'a ait) bir yapı gelişiyor.

Sertifikasyon

Yeni çevirmenlerin bir numaralı önceliği kendilerini geliştirmek ve bu amaçla düzenlenen çeşitli seminer, toplantı, kurs ve atölye çalışmalarına katılmak olmalıdır. Tamamlanan her seminer, toplantı, kurs ve atölye sonrasında alacağınız sertifikalar birçok yerde sizin önünüzü açacaktır.

Türkiye'de ve artık dünyada bu tür sertifikasyon programları düzenleyen dernekler, şirketler, siteler bulunuyor. Proz üzerinde de online takip edebileceğiniz seminerler düzenleniyor bazen. Sertifikasyon eksiğiniz olmasın! Otomobilinizle yola çıktığınızda sizden ehliyet ruhsat isteyen çok olacaktır!

meta∙φραση

SCHOOL OF TRANSLATION STUDIES

CERTIFICATE in
TRANSLATION MEMORIES

This is to certify that

DIMITRIOS MANTAS

has successfully completed the

TRANSLATION MEMORIES SEMINAR

for the period

Sept-Oct 2005

This 30-hour seminar introduced the participants to the use of
Trados Freelance and Déjà Vu X, and covered the following:

- introduction to the theory of translation memories
- introduction to markup languages
- Trados WorkBench
- Win Align
- MultiTerm iX and MultiTerm Convert
- Trados TagEditor
- Déjà Vu X
- translation of a wide variety of file formats

20/10/05
_____
DATE

_____
DIRECTOR OF STUDIES

metaιφραση
SCHOOL OF TRANSLATION STUDIES

CERTIFICATE IN SUBTITLING

This is to certify that

DIMITRIOS MANTAS

has successfully completed the

SUBTITLING SEMINAR

for the February 2005 period.

This 15-hour seminar covered the following:

- subtitling practices and conventions
- general subtitling practice (production and layout of subtitles)

11/02/05
_____
DATE

DIRECTOR OF STUDIES

international
SUMMER SCHOOL
PROGRAMME

ALMA MATER STUDIORUM
UNIVERSITY OF BOLOGNA

Bertinoro (FC – Italy), 30th May 2009

This is to certify that

Dimitrios Mantas

attended the Summer School in

Screen translation

held in Bertinoro (FC – Italy), from 18th May to 29th May 2009

The student passed the final evaluation and gained 6 ECTS credits

The Director of the School

Ortak Ofis Uygulamaları

Ortak Ofis (hotdesking) denen çalışma şekli özellikle internetin yaygınlaşmaya başladığı 90'lardan bu yana Avrupa'da gelişen bir yöntem. **Sanal ve esnek ofisler**in de geliştiği bu yıllarda yeni iş ihtiyaçlarına yönelik yeni çözümler geliştirildi. **Coworking**, yani **birlikte çalışma** da bunlardan biri.

Genellikle evlerinden çalışanların, serbest çalışanların ve sık seyahat edenlerin tercih ettikleri bu yöntem henüz Türkiye'de emekleme safhasında. Serbest çalışan tercümanlar bu yöntemden yararlanabilirler. Tabi öncelikle özellikle büyük şehirlerde bir girişimcinin çıkıp bu tarz yerler yapması ve sektörün kullanımına sunması gerekiyor. Sırf tercümanlardan oluşması da gerekmiyor böyle yerlerin. Serbest çalışan yazarlar, çizerler, illüstratörler, avukatlar, gazeteciler vb. birçok meslek dalından kişiler bu türden alanlar kiralanabilir.

Birlikte çalışmanın veya ortak ofis kullanmanın birçok yararı vardır. Daha kaliteli ve birçok teknik imkâna erişimi olan bir ortamda çalışma şansınız olur. Masraflarınız yarı yarı ya azalır. Örneğin tek bir yazıcı 10 kişi kullanabilir. Bilgisayarınızda arıza olduğunda müdahale edebilecek biri olabilir. Birlikte çalışmanın sinerjisi size enerji verir. Yeni arkadaşlar edinirsiniz, sosyal bir ortamda çalışmış olursunuz. Sektörün tam kalbinde yerinizi almış olursunuz. Birçok dilden çevirmenle tanışma ve birlikte çalışma ve kendinizi daha hızlı geliştirme imkânını yakalamış olursunuz.

Bu yöntemi Türkiye'de uygulayabilmenin bir şekil de sanıyorum informal buluşmalar şeklinde olabilir. Örneğin tercümanlar haftada bir kez dizüstü bilgisayarlarını yanlarına alıp belirli bir yerde bir araya gelip ortak çalışabilirler. Bu da tercümanların gelişimi için çok yararlı olur. Bir kişi evsahipliği yapar böyle bir çalışmaya.. Daha çok mesleki gelişim ve dayanışma anlamında uygulanabilir bu sistem. Buna da **hospitable-working** diyebiliriz. Kadınların altın günleri gibi tercümanlar da birbirlerini belirli tarihlerde ağırlayarak ortak çalışma ve sinerji alanları yaratabilirler. Buluşma yeri uygun bir ev veya ofis olabileceği gibi, cadde üzerindeki şık bir mekân da olabilir.

Serbest Çalışacaklar İçin İpuçları

Bilinen adı ile freelance, ya da serbest çalışmaya başlamak isteyenler, bu yolda nelerle karşılacaklar, nelere göğüs gerip dikkat etmek zorundalar birlikte inceleyelim.

- Zor iştir, yorulmaya hazır olun.
- Bir kaç günde zengin olacağınızı zannetmeyin.
- Çoğu kişi serbest çalışarak yaşamını sürdüremez. Başarıslığa hazır olun.
- Aynı sonuca ulaşmak adına normal bir iştekinden daha fazla çalışmanız gerekecek.
- Kendi patronunuz olmayı öğreneceksiniz.
- Sabahın köründe uyanmak zorunda kalmayacaksınız.
- Mali konularda tek patron siz olacaksınız.
- Tanınılırlığınızı artırmak için çok çalışmanız gerekecek.
- Her bir müşteriniz, sizin için yeni birer müşteri kapısı olacak.
- Zor günler için birikim yapmayı öğreneceksiniz.
- Özel sağlık sigortanız olmayacak!
- Çalışacak bir ofis ya da ev/ofis'e ihtiyacınız olacak.
- İşiniz ve hobileriniz arasındaki çizgiyi belirlemekte zorlanacaksınız.
- Bozulan donanımınız için bütçe ayırmanız gerekecek.
- Donanımınızı yenilemek için bütçe ayırmanız gerekecek.
- İlk 3-6 ay çok ama çok zor geçecek.
- 7/24 işin içinde, iş düşünüyor olacaksınız.
- Hep bir sonraki adımı düşüneceksiniz.
- Bazen hoşlanmadığınız işleri yapmak zorunda kalacaksınız.
- Zorlu müşteriler ile zorlu süreçler geçirerek anlaşmak durumunda kalacaksınız.
- Kendi işinizin yüzü olacaksınız, aklınıza geleni pat diye söylememeyi öğreneceksiniz.
- Zaman zaman çok çalışıp az kazanmaya razı olacaksınız.
- Piyasanın finansal hareketlerinden olumsuz yönde etkilendiğiniz zamanlar olacak.

- Serbest çalışmanın dünyanın en kolay işi olmadığını öğreneceksiniz.
- Bilgi sahibi olmanız gereken onlarca hukuki ve mesleki kurallar öğreneceksiniz.
- Her zaman bir B planına ihtiyacınız olduğunu unutmadan yaşamaya hazır olacaksınız.
- Her zaman en az sizin kadar, hatta daha iyi rakiplerle yarışacaksınız.
- Hızlı düşünüp, karar vermeyi ve kararınızı hemen uygulamayı öğreneceksiniz.
- HAYIR demeyi öğreneceksiniz.

Kaynak: http://www.hasanyalcin.com/serbest-calisacaklar-icin-ipuclari/

Çeviri ve Redaksiyon

Sitemin okuyucularından çeviri ve serbest tercümanlık konularında sıkça email alıyorum. Bunlardan bir kısmını, benim verdiğim cevaplarla birlikte, sizinle paylaşmak isterim, zira sizlerin de ilgisini çekebilir. Antonia mesajında şunları yazmış:

Rennes'de bir çeviri kursuna başlamak için testlere giriyorum ve benden bir belgenin redaksiyonunu yapmam istendi. Yazım hataları, dizgi hataları gibi çeşitli sorunları belirtmemin ve belgenin genel anlamda kalitesini kontrol etmemin istendiğini biliyorum. Ancak, ne kadar kusursuz olmam gerektiğini bilmiyorum. Kötü çevrilmiş cümleleri yeniden yazmam gerekir mi? Satır satır mı çalışmam gerekir? Kısaca, redaksiyon konusunda uyulması gereken norm veya kurallar olup olmadığını bilmek istiyorum.

Redaksiyon müşteriden müşteriye çok farklılık gösterebilecek bir kavram, dolayısıyla sizden ne yapmanızın beklendiği ile ilgili tam bilgi almanızı öneririm. Genel olarak redaksiyon için, 'önceden yapılan kontrollerde ağdan kaçmış hataları ortadan kaldıran bir sonlandırma sürecidir' diyebiliriz. Belge, üslubu ve kaynak metne sadakati bakımından düzeltilir, dolayısıyla sizin göreviniz sunum, yazım, imla ve noktalama anlamında bir hata olmamasını sağlamaktır. Bu hataları önlemek zordur, zira bu hatalar bir metin üzerinde saatlerce derinlemesine çalışan kişiye görünmez olurlar. Zayıf cümle yapılarına rastlamayabilirsiniz ancak çevirinin üslubunu uygun bulmayabilirsiniz.. ki bu durumda müşterinize danışarak ne yapmanız gerektiğini sormalısınız.

Kaynak:
http://www.nakedtranslations.com/en/2007/05/000789.php

Çeviri Dernekleri

Çeviri derneklerine yakın olmak lazım. Dernekleşme yönünde çaba harcayanları takdir etmek ve yanlarında olmak gerekir. Sektördeki bellibaşlı sorunları çözebilmenin ve sürekli eğitimin ve bilgilenmenin yolu organize olabilmekten ve dernekleşmekten geçiyor. Bir veya birkaç dernekle bağınız olsun. Katılmadan önce sorun, soruşturun. Üye olun, seminerlerine katılın, katkıda bulunun.. Bir eliniz çeviride, bir ayağınız derneklerde (sosyal ortamlarda) olsun..

- Çeviri Derneği
- Türkiye Çevirmenler Derneği, TÜÇED
- Türkiye Çeviri İşletmeleri Derneği, ÇİD
- Türkiye Konferans Tercümanları Derneği, TKTD
- İlim ve Edebiyat Eseri Sahipleri Meslek Birliği, İLESAM
- Kitap Çevirmenleri Meslek Birliği, ÇEVBİR
- Oyun Yazarları ve Tiyatro Çevirmenleri Derneği, OYÇED
- Film Altyazı ve Dublaj Çevirmenleri Derneği, ADME
- ATA (American Translators Association)
- BDÜ (Bundesverband der Dolmetscher und Übersetzer)
- CATS (The Canadian Association of Translation Studies)
- EST (European Society for Translation Studies)
- FIT (International Federation of Translators)

Trados Eğitimi

Çeviri sektörünün bugünü ve geleceği Trados programı ile doğrudan bağlantılı. Tabi edebi çevirilerden, hikâye-roman çevirilerinden bahsetmiyorum. Özellikle kullanma kılavuzları, eğitim dokümanları, teknik dokümanlar, ürün kılavuzları vb. hacimli dokümanlarda Trados ile çalışmak neredeyse tek seçenektir. Bilgisayarla arası iyi olmayanların zorlanacakları bir programdır Trados, ancak tabi eski sürümleri ile kıyaslanınca şu anda çok daha kolaydır. Üstelik Trados eskisi gibi pek hata mesajı da vermiyor artık.

Trados Studio'da ilk yapmanız gereken bir TM, yani Çeviri Belleği oluşturmak veya daha önce oluşturulmuş birini seçmek. Çeviri Belleği, genellikle önceden çevrilmiş binlerce çevrilmiş çeviri (segment) çiftinden oluşan bir dosyadır. Geçmişte sizin veya başkalarının yaptığı çeviriler bu dosyada toplanmıştır. Projeye ilk başlayan sizseniz TM'i genellikle siz oluşturursunuz. Projeye önceden başlanmışsa, hazırda bir TM var demektir. TM'i seçer ve işinize başlarsınız.

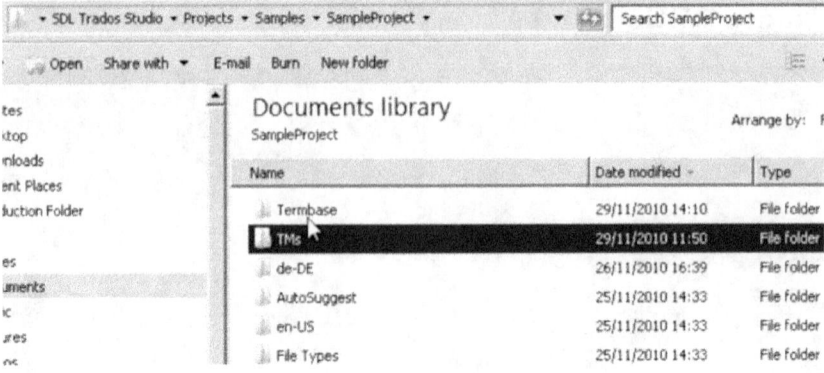

Documents library
SampleProject   Arrange by:

Name	Date modified ▾	Type
Termbase	29/11/2010 14:10	File folder
TMs	29/11/2010 11:50	File folder
de-DE	26/11/2010 16:39	File folder
AutoSuggest	25/11/2010 14:33	File folder
en-US	25/11/2010 14:33	File folder
File Types	25/11/2010 14:33	File folder

TM dışında Trados size Termbase ve AutoSuggest özellikleri de sunar! Bu özellikleri de çevirinizi yaparken kelime anlamlarında tutarlılığı sağlamak için kullanabilirsiniz. Aynı projede birden fazla çevirmen çaışabileceği için, tüm çevirmenlerin aynı kelimeler için aynı anlamları kullanmaları amaçlanır bu özelliklerle. Zaten genel olarak Trados'un en önemli hedefi ve başlıca amacı da budur diyebiliriz. Bir projede ne kadar çevirmen çalışıyorsa TM ve Termbase de o kadar fazla büyüyecektir.

Open Document   New Project   Open Package

İlk işimiz çevireceğimiz dosyayı açmak ve seçmektir.

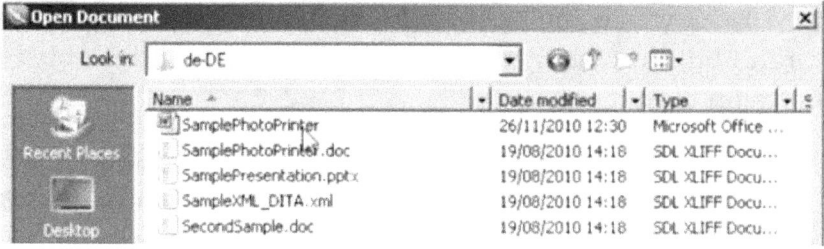

Daha sonra ise, çalışacağımız dil çiftini seçebileceğimiz ekran çıkar karşımıza.

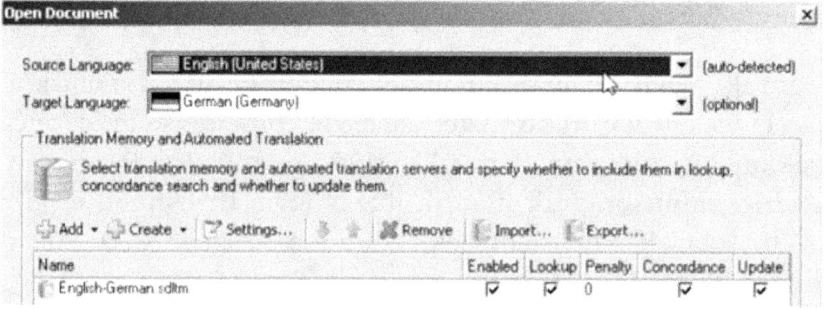

Çalışılacak dil çitfi (Kaynak->Hedef) seçildikten sonra, çalışılacak dosya (Kaynak Dosya) açılır.

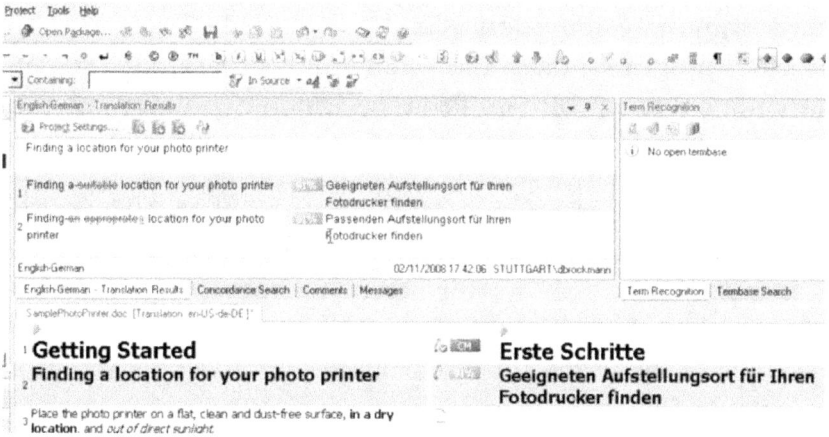

Çevrilecek metin segmentlere (cümlelere) ayrılmış halde sol tarafta bulunur ve sağda da bunları çevirebileceğimiz bir boş alan olur.

Trados, **bulanık mantık** kullanan bir programdır. Yani, eğer çeviri daha önceden yapılmışsa, çevirinin yanında **CM** (Context Match) yazar. Bu **yeşil** yazıyı gördüğümüzde, bu çevirinin aynısının daha önceden yapıldığını ve Trados'un tam (%100) eşleşme bulduğunu anlarız. Genellikle olmaz ancak hata olabilir düşüncesiyle çevrilen segmente göz ucuyla bir bakıp bir sonraki çeviriye geçeriz.

Sonraki çeviride aynı kısımda -hedef çevirinin solunda- %91 yazısı gördüğümüzde çeviride bir iki kelime veya rakam dışında tam benzerlik olduğu anlaşılır. Programın ayarlarından bulanık mantık (fuzzy logic threshold) eşiğini %70 olarak belirlediysek, Trados bize %70 üzeri benzerlikleri verir sadece.

Bu şekilde çevirimizi yaparken bize MLV tarafından önceden verilen Termbase ve AutoSuggest özelliklerini de kullanarak çevirimizi tamamlar ve proje dosyasını müşterimize teslim ederiz. En basit şekliyle Trados budur ancak program üzerinde çalışarak programın server-tabanlı çalışma, birden fazla çevirmenle online çalışma, import/export gibi özelliklerini iyice öğrenebilirsiniz.

Size iş yaptıran bürolar ve MLV'ler genellikle **%100 match** olan segmentlere para ödemezler ya da dosya büyükse **kelime başına** çok az bir ücret ödemeyi teklif ederler. Unutmayın ki Trados tüm bunları hesaplayabilecek özelliklerle donatılmıştır. Çevirmenler fiyat tekliflerini şuna benzer şekilde verirler genelde:

No match - 84%   : 0.07€
85-94%   : 0.04€
95-99%   : 0.03€
100%   : 0.008€

Siz istersiniz ama bürolar (veya MLV'ler) da örneğin **no-match** kaynak kelime başına 0.05€, bulanıklar için de %60 indirim isterler. İşte burada sizin müzakere beceriniz devreye girer! İsteyenin bir yüzü kara, vermeyen MLV!

MLV'leri (Multi-Language Vendor) global yükleniciler olarak görmek gerek. Her sene yüzlerce dilde milyonlarca sayfa çeviri yapan MLV'ler vardır ve bunlar dünya çapında çeviri bürolarına ve SLV'lere (Single-Language Vendor) iş verirler. Bu taşeronluk işleri (subcontracted projects) genellikle Trados benzeri yazılımların iyi kullanılmasını gerektirir. Sizinle çalışmadan önce size doldurmanız için yığınla belge ve üç beş deneme çevirisi gönderirler. Tabi sonrasında onbinlerce sayfa çeviri akar. Çeviriye meraklıysanız işsiz kalmayacağınız kesin!

Çeviri Kitapları

Sadece bir fikir vermesi açısından Amazon'da çokça satan çeviri kitaplarının bazılarının kapaklarını buraya koyuyorum. Kapakları kaldırıp içlerine bakmanız dileğiyle.

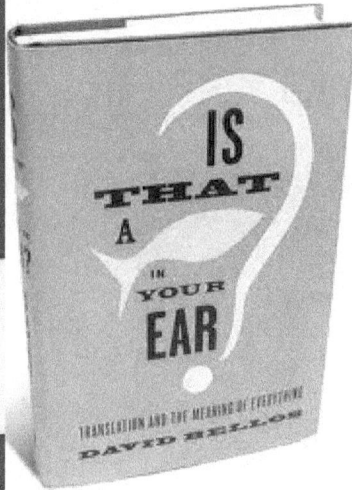

Mox's Illustrated Guide to Freelance Translation

Çeviri sektörü ile ilgili karikatürlerin olduğu bir kitap okumak ister misiniz? Çevirmenliğinin yanında blog yazarlığı da yapan ve karikatürlerle mesleğimizi resmeden Alejandro'nun 200 karikatürle mesleğimizin artılarını, eksilerini, gülünç yanlarını kendince anlattığı kitabını alıp okumanızı öneririm. Ben kendi kopyamı okudum, karikatürlerini de çok beğendim. Mesleği eksiksiz anlatmış çizgilerle.. Mox'un sitesi: mox.ingenierotraductor.com

Burada hem Mox'un yazılarını okuyabilir, hem de Paypal ile kitabın siparişini verebilirsiniz.

Nasıl Daha İyi Bir Çevirmen Olunur?

- Okuyun, okuyun, okuyun. Roman okuyun, ilaç prospektüsü okuyun, kullanma kılavuzu okuyun, şiir okuyun, kanun okuyun, kredi kartı sözleşmesi okuyun, tarih okuyun, ekonomi okuyun, tıp kitapları okuyun..
- İki eli olan herkes iyi bir piyanist olamayacağı gibi, iki dile sahip her canlıda da iyi bir çevirmen hamuru olmayabilir.
- Serbest çalışıyorsanız, mali ve idari konuları nasıl çözeceğinizi öğrenin. Haftada bir iki saatinizi bu konulara ayırın.
- Başka çevirmenlerle birlikte çalışın. Çevirilerinizi karşılaştırın.
- Deneyimlerinizi paylaşın. Bu işi eğlenceli bir hale getirin. Ayda bir kez diğer çevirmenlerle buluşup kaynaşın.
- Doğuran ananız, yoğuran ustanızdır. Deneyimli ve bilgili birinden el alın.
- Bakmakla usta olunsa, kediler kasap olurdu. Çırak olmayı göze alamayanlar usta olmayı asla ummasınlar.
- Çok çalışan değil işin usulünü bilen ustadır. Herkes ata binebilir ama herkes at binemez!
- Biraz zaman ayırıp başkalarının ne çevirdiklerine bakın. Yanlışlarınızı azaltmanın en etkili yolu budur.
- Çeviri edebiyattan ayrılmaz.
- Mühendislik, tıp ve hukuk gibi temel disiplinlerde ve bu disiplinlerin branşlarında her türlü kursa, seminere, eğitime ve toplantıya katılın.
- Tercüme bürolarında, yayınevlerinde veya basın-yayın kuruluşlarında bir süre çevirmen, editör ve redaktör olarak çalışın.

- Kendize zaman ayırın, spor yapın, bedeninizi ve ruhunuzu dinlendirin, zamanınızı programlayın, gülün, eğlenin, toksinlerinizi atın, deşarj olun!
- Daha iyi olmak genellikle daha çok-yönlü, daha meraklı ve daha eğlenceli olmakla ilgili bir durumdur!
- At gözlüğü takarak, hiçbir şeyi merak etmeyerek, riske girmeyerek, sıkıcı biri olarak daha iyi olamazsınız.
- Daha iyiler her zaman daha fazla parıldar!

Virgülün Değeri

Rogers Communications adlı Kablolu TV şirketine bir milyon Kanada dolarına patlayabilecek anlaşmazlığın konusu, 14 sayfalık bir sözleşmede geçen virgülün yeri ile ilgili.

Rogers Communications şirketi, Aliant Telecom şirketi ile beş yıllık mukavele yaparak Kanada genelinde elektrik kablolarını taşıyacak binlerce elektrik direğinin kullanım hakkını alır. Direklerin sahibi Aliant değildir ve Aliant da direklerin sahibi olan bir başka elektrik şirketinin acenteliğini yapmaktadır. Elektrik şirketi direklerin kontrolünü kendi üzerine almaya ve ücretleri artırmaya karar verdiğinde Aliant, Rogers'a 12-ay önceden bir ihbarname göndererek sözleşmenin beş yıllık dönemin dolmasından bir yıl önce feshedileceğini bildirir.

Bu erken fesih Rogers'ı elektrik şirketine daha yüksek ücretler ödemeye zorlayacak ve bu durum da Rogers'a bu son yıl için ilave 1 milyon Kanada dolarına patlayacaktır. Rogers ancak Aliant'ın erken fesih hakkı bulunmaması durumunda bu maliyetten kaçabilecektir.

Aliant'ın hakkı bir maddeye bağlıdır:

"[...This Agreement] shall be effective from the date it is made and shall continue in force for a period of five (5) years from the date it is made, and thereafter for successive five (5) year terms, unless and until terminated by one year prior notice in writing by either party."

"[...İşbu Anlaşma] imzalandığı tarihte yürürlüğe girer ve taraflardan herhangi birince bir yıl önceden ihbarname gönderilmek suretiyle feshedilmedikçe ve feshedilene kadar, imza tarihinden itibaren beş (5) yıl süreyle ve bu tarihten sonra da beşer (5) yıllık dönemler halinde yürürlükte kalır."

Aliant bu maddeyi Rogers'a bir yıl önceden ihbarname göndererek sözleşmeyi istediği tarihte feshedebileceği şeklinde yorumlar. Rogers da aynı maddeyi sadece cari beş yıllık dönemin veya beş yıllık uzatma döneminin sonunda feshetme hakkı şeklinde tefsir eder.

Anlaşmazlık Kanada Radyo TV ve Telekomünikasyon Kurumuna taşınır. Aliant, dilbilgisi noktalama kurallarına göre, virgül "and thereafter for successive five (5) year terms" cümleciğini kapattığı için, sonradan gelen "unless and until terminated by one year prior notice in writing by either party" niteleyicisinin kendinden önceki tüm bölümü nitelediğini savunur.

Aliant ayrıca, burada kasıt fesih hakkını beş yıllık dönem sonu ile sınırlamak olmuş olsaydı, "unless" sözcüğünden önce virgül konulmamış olacağını ve ihbarnamenin hangi tarihe kadar isteneceğinin açık ifadelerle belirtilmiş olacağını da savunmasına ekler. Rogers bu tezin karşısındadır. Onlara göre, Aliant bir yıl önceden ihbarname göndererek sözleşmeyi herhangi bir tarihte feshedebilecek olsaydı, tarafların beş yıllık anlaşma dönemini açıkça kabul etmelerinin gerçekte hiçbir anlamı olmayacaktı. Yine onlara göre, "...for a period of five (5) years from the date it is made, and thereafter for successive five (5) year terms," ifadesinin ne sakıncası olabilirdi ki?

Kurul Aliant'ı haklı bulur ve maddenin "açık ve anlaşılır" olduğuna hükmeder ve "anlaşmada kasıt, fesih hakkını cari dönem veya uzatma dönemi sonunda kısıtlamak olmuş olsaydı, ihbarnamenin hangi tarihe kadar gönderilmesinin istendiğini belirten açık bir ifadenin bulunması gerekirdi," açıklamasını getirir.

Bu karar Temmuz'da yayımlanır. Ekim ayında, Globe and Mail gazetesinin bildirdiğine göre Rogers temyize başvurur. Rogers bu başvuruyu Kanada'nın ikinci resmi dili Fransızca'ya dayanarak yapar. Toronto gazetesi Rogers'ın aynı sözleşmenin Fransızca çevirisini bulmak için iki ay harcadığını yazmış.

Fransızca çeviride noktalama farklıdır; bu yüzden Rogers bu çevirinin kendilerinin İngilizce çeviri ile ilgili yorumlarını desteklediğini iddia eder. New York Times gazetesine göre Rogers sözleşme dili ile ilgili olarak bir bilirkişiye 69-sayfalık bir rapor hazırlatmış. Aliant da buna karşı cevabını hazırlamış.

Sonuçta davayı Rogers kazanır! Bu konuyla ilgili haberi şuradan okuyabilirsiniz: http://bit.ly/HiF2Df

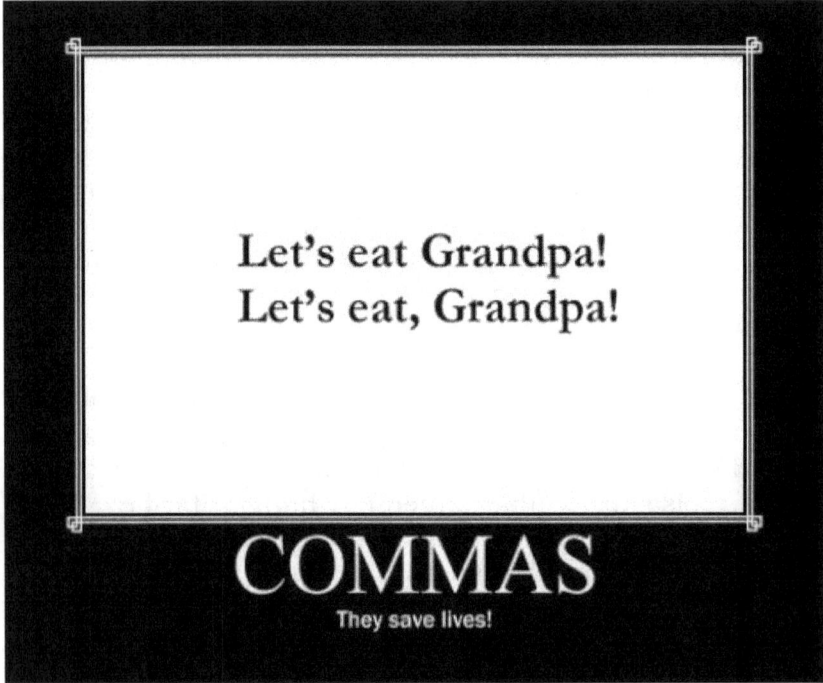

Let's eat Grandpa!
Let's eat, Grandpa!

COMMAS
They save lives!

Çevirmen Hastalıkları

Tercümanları bekleyen bir numaralı tehlike **karpal tünel sendromu**, yani bilekteki karpal künelden geçen median sinirin sıkışmasıdır. Bu rahatsızlığın etkilerinden kurtulmak için parmaklarınızı tutarak bileğinizi arada bir geri doğru esneterek bekleyin. Sürekli masa başında ve ofis ortamında çalışan herkesin karşılaşabileceği en büyük sıkıntılardan biridir bu.

Bir diğer sıkıntı **bel ve boyun** rahatsızlıkları olabilir. Bunun için arada bir masanızdan kalkarak hareket etmenizde yarar var. Barfiks çekmek bu sıkıntılar için iyi gelecektir. Boyun ve bel hareketleri de oluşabilecek daha ciddi rahatsızlıkları önleyebilir.

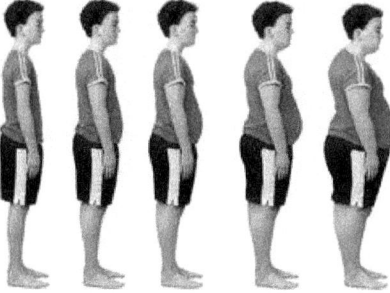

Çevirmenlerin orta ve uzun vadede karşılaşabilecekleri en büyük sıkıntı ise **kardiyovasküler** riskler olacaktır. Hareketsiz yaşam tarzımız damar yapımızın bozulmasına neden olabilir. Tabi bu durum da orta ve uzun vadede şeker hastalığı ve kalp rahatsızlıkları gibi hastalıkları tetikleyebilir. Çevirmenlerin her gün minimum 45 dakika tempolu yürümeleri gerekiyor.

Saldırgan Çevirmenin Sakinleştiricisi: Redaktör

Çeviri büroları bazen kendinden fazla emin çevirmenleri sakinleştirmek için redaktörleri koz olarak kullanırlar. Mesleğe yeni başlayan çevirmenler bazen büroların paralarını vermediğinden ya da geç ödediğinden şikâyet ederler orada burada. Bu tür durumlarda genel olarak haklı tarafın bürolar olduğunu düşünüyorum. Yılların verdiği deneyim bana bunu söylüyor.

Bürolar müşterilerinden en ufak bir zılgıt yediklerinde bunun çevirmene dönüşü ödeme yapmama ya da geç ödeme şeklinde oluyor. Tabi çevirmen de doğal olarak mızıldamaya başlar. Bu durum genelde piyasayı yeni tanımaya başlayan çevirmenler arasında daha yaygındır. Büroları ve büro sahiplerini tanımaya başladıkça durum değişir. Durumu değiştiren bir başka faktör de büronun çevirmenin yaptığı çeviriyi redaktör kontrolünden geçirmesi ve çevirmene gönderip yanlışlarını gözüne sokmasıdır. Haddizatında çevirinin müşteriye redakte edilip gönderilmesi gerekir ama bizde durum çoğu zaman böyle olmuyor. Yani, redaktörler saldırgan ve fazlaca hırslı arkadaşlara karşı çevirmen-savar olarak kullanılabiliyor. Tabi çeviri redaktör kontrolünden geçip çeviride onlarca ciddi hata bulununca çevirmenin yelkenler suya iniyor birden.

Bence olaya bir de bu tarafından bakın. Eğer yaptığınız çeviriyi bir tercüme bürosuna redaktör kontrolü yaptırıp göndermiyorsanız, büronun yaşanabilecek hemen her aksaklıkta size göre bir adım daha haklı olacağını unutmayın. Zira redaktör kontrolünden geçip de içinde bolca hataya rastlanmayan çeviri azdır. Kendinize fazla güvenmeyin, sakin olun; kendinizi geliştirin!

Müşterilere Özel Terim Bankası

Günümüzde ortanın üzerindeki birçok şirket artık kendilerine özel bir terim bankası (glossary) oluşturulmasını talep ediyor veya size ellerindeki kurumsal terimleri size verip yapacağınız çeviride o terimleri kullanmanızı bekliyorlar.

Her şirket (müşteri) için bir **text dosyası** açarak o müşteri ile ilgili terimleri not etmeniz size ileride ciddi avantajlar sağlayabilir. Tabi belli büyüklükteki projeler ve müşteriler için Trados gibi yazılımlar kullanıyorsanız, çeviri belleğiniz kendiliğinden oluşacaktır. Böylece aynı müşteri için, aynı ifadeleri defalarca çevirme zahmetinden kurtulmuş olursunuz. Tabi bir de aynı terimlere farklı farklı anlamlar vermemiş olursunuz. Çeviride insicam (consistency) sağlanmış olur.

Uzun ve hacimli projelerde, terim bankasının işin en başında oluşturulması çok yararlı olacaktır. Hazırlanan terim bankası işi yapacak çevirmenlere dağıtılır ve herkesin ilgili terimleri kullanması ve karşılaşabilecekleri yeni terimleri buraya eklemeleri sağlanır.

Her büronun ve her çevirmenin ayrıca kendine özgü bir terim bankasının olması da çok yararlı olacaktır. Excel veya text ortamında bir dosya tutabilirsiniz. Benim yeni kelimeler ve terimler için eskiden bir kavanozum vardı! Karşılaştığım her yeni kelimeyi ve çevirisini yazıp kavanozun içine atar ve bir süre sonra bunları yazardım. Böylece hem kelimeleri yazarken tekrar etmiş oldum hem de güzel bir veritabanı sahibi oldum.

Crowdsourcing

Bu terime birçok kişi aşina değildir belki ancak çeviri sektörünün geleceğini belirleyecek olan bir kelime söyleyin deseler, "**crowdsourcing**" derim..

Google, çeviri belleğini oluşturmak için yüzlerce milyon kişiden yararlanıyor. Şu anda Google'ın elinde milyarlarca çevrilmiş cümle var! Yani önümüzdeki seneler Google dünyanın en büyük çeviri bürosu olacaktır. Şimdiden büyük mesafe kat etti gerçi ama çeviriye fazlaca meraklı kişiler nedeniyle önümüzdeki yıllarda çeviri bürolarının önemli miktarda işi bu kanala kayacak diye düşünüyorum. Örneğin birçok kurum eğitim belgelerini, yayımlanmayacak dokümanlarını yakın zamanda bu kaynağı kullanarak **ücretsiz** çevirtecektir kanımca! Google bu sistemi kurduğuna göre, başkaları da kurabilir ve kullanıcılara puan vs. vererek onları teşvik edebilirler!

Önümüzdeki 5 seneden sonra bu tür uygulamaların müthiş yaygınlaşacağını düşünürsek, şimdiden tedbir almak gerekir. Bir örnekle durumu anlatayım: Elinizdeki 500 sayfalık genel içerikli bir metni internet üzerinde 1000lerce üyenin olduğu bir ortamda 1 gün içerisinde çevirtebilir, üstelik kontrolünü de yaptırabilirsiniz! Herkes bir paragraf çevirdiğinde 500 sayfalık bir metin 1 gün içinde bitecek, üyelerin bir kısmı da çevirileri kontrol ederek sağlamalarını yapacaktır! Üyelerin bu işten kazanacakları tek şey puan ve sitede itibar olacaktır! Emin olun, bunu yapmaya istekli milyonlarca kişi var internette. Siz de bir network kurarak büyük işyleri **crowdsource** edecek bir yapıyı şimdiden düşünün! Önümüzdeki seneler neye gebe bilinmez.

Çeviri Sektörünün Bellibaşlı Siteleri

American Translators Association

Membership Number: Password:

Not an ATA Member?

Join Now!

ABOUT US | MEMBERSHIP | CERTIFICATION | CONFERENCES & SEMINARS | PUBLICATIONS | DIVISIONS | CHAPTERS & GROUPS | CAREERS | PRESS ROOM

Search this site:

Need a Translator or Interpreter?

Search ATA's Directory of Professional Translators and Interpreters

An ATA Seminar
Marketing Yourself & Your Business
Seattle, WA April 28, 2012
Click Now!

Welcome to the ATA Website!

In today's global business environment, the stakes are high. From ridiculous headlines to awkward or sloppy use of the local language, translation mistakes can be costly, embarrassing, and even disastrous. The American Translators Association can help you find the skilled translator or interpreter you need for a competitive edge. First, take a minute to learn how to get your job done right the first time. Then, find a translator or interpreter using our searchable online directory of translator and interpreter services.

ATA Mission Statement

The mission of ATA is to benefit translators and interpreters by promoting recognition of their societal and commercial value, facilitating communication among all its members, establishing standards of competence and ethics, and educating both its members and the public.

ATA Membership

GALA
Globalization & Localization Association

Join GALA / Contact Us / Site Map / Log In

ABOUT GALA | RESOURCE CENTER | NEWS & EVENTS | STANDARDS | MEMBER AREA

COMMUNICATE LOCALLY — SUCCEED GLOBALLY

- Language Technology & Services Directory
- Standards Initiative
- Marketplace
- LocalizationCAREERS.net
- GALA Connect

Member Spotlight: CBG Konsult & Information AB, Sweden

CBG specialises in technical translations. We offer a wide range of services, including complete conceptual and tailored solutions. CBG coordinates multilingual documentation projects comprising project management, computer aided

GALA Expands Forum Series with Interactive New Crowdsourcing Forum
15 March 2012

The Globalization and Localization Association, the largest global association for the language and localization industry, is expanding its small interactive forum series to help experienced industry professionals gain and share

JOIN US 26 - 28 MARCH 2012 MONTE-CARLO, MONACO

Marketplace Offer: ETP Training

Reduce staff training costs with ETP Ireland's training

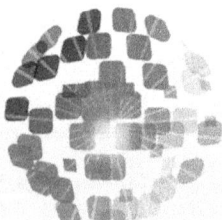

L-3 Linguist Operations & Technical Support

communications
Linguist Operations
& Technical Support

Home | About Us | Solutions & Services | News & Events | Careers | Contact Us

L-3 LINGUIST OPERATIONS & TECHNICAL SUPPORT
Delivering Quality Language Services, Anywhere, At Any Time

SDL

My Account | Site Map | Contact Us | Careers | Language English ▼

Search

Customers | Products & Solutions | Web Content Management | Ecommerce | Structured Content | Language Technologies | Language Services | About

Discover SDL

SDL is the world leader in Global Information Management. 70 Offices - 38 Countries - Any Language. About Us

Bloomberg Interviews Mark Lancaster, Chairman of SDL

SDL Studio GroupShare

SDL Studio GroupShare
NOW AVAILABLE
SDL STUDIO GROUPSHARE IS THE BRILLIANT NEW WAY TO WORK COLLABORATIVELY WITH YOUR TEAM ON TRANSLATION PROJECTS

FIND OUT MORE

Go Translators

World translation directory.
Find a specialist translator in your field.

— THE ONLY TRANSLATORS DIRECTORY IN 30 LANGUAGES —

Database of the different translation services by languages and specialist areas

Technical translators for all types of translation work.

Receive alerts in real time, send messages and communicate with other translators! Become MyGo!

★ **Discover MyGo!**

ISO 8859-1 charset

■ Albanian
■ Basque
■ Bulgarian
■ Catalan
■ Czech
■ Danish
■ Dutch
■ English
■ Estonian
■ Finnish
■ French

Search for a translator or agency

Source language :
French ▼ ⟶ English ▼

Area of business :
Not stated ▼

Target language :
English ▼

Country :
Not stated ▼

△ None specified = wider choice ...

☞ Search

Go Members translators' and agencies' area

Login :

Password :

Go! → O

Forgotten your PWD? Click here ?

Yüklü Çevirilerde Çokalım İndirimi

Bir okuyucum elektronik posta göndererek bana aralarında aşağıdakilerin de bulunduğu bir dizi soru sormuş: Tüm çevirmenler yüklü projelerde 'çokalım' indirimi yapıyor mu?

Bir çevirmende indirim yapma isteği uyandırabilecek birkaç sebep olduğunu düşünüyorum. Her şeyden önce birkaç ay süreyle bir işe sahip olma güvencesi işlerin yamalı bohça gibi parça parça olduğu ya da müşterilerinizin size olmasını istediğiniz kadar bağlı olmadığı durumlarda gerçek bir teşvik unsuru olabilir.

İkincisi, piyasada o kadar rekabet var ki, fiyat ve 'çokalım' indirimi gibi "özel teklifler" müşterinin aynı iş için rakip başka çevirmenler yerine sizi seçeceği anlamına gelebilir.

Üçüncü olarak, aynı proje üzerinde birkaç hafta çalıştıktan sonra daha hızlı ve verimli hale gelebilmeniz mümkün: kelimeler zihninize daha çabuk düşer, terminoloji parmaklarınızın ucuna düşünmeden iner ve üretkenliğiniz artar, bunun sonucu olarak da ortalama bir günde daha çok kazanırsınız ve bu durum düşük fiyat vermenin olumsuzluklarını ortadan kaldırır.

Bunların tamamı makul gerekçeler, ancak tüm bunları belirttikten sonra şunu söylemem gerek: bu yamacın zeminini kaygan gördüğüm için ben kesinlikle çokalım' indirimi yapmıyorum. Çokalım indirimiyle başlayacak, peki sonra işin ucu nereye varacak? 2 alırım 1 öderim noktasına mı? Eylül'de çevirileri beleş yap uçurumuna mı? Çokalım indirimi üretim sektöründe ölçek ekonomisinden dolayı akıllıca olabilir. Makine ve ham maddeye yatırım yapmışsınızdır, dolayısıyla ne kadar çok üretirseniz her ilave ünite o kadar ucuzlar ve isterseniz bu tasarruflarınızı müşterilerinize yansıtabilirsiniz.

Çeviri yaptığınızda durum tam olarak böyle değildir. Belirli bir sahada deneyim ve beceri kazandıkça hız da kazanacak olmanıza karşın, bunun sebebi sizin yeni bilgi ve becerileri içselleştirebilme kabiliyetinizdir ve bu durum size çok sınırlı bir şekilde verimlilik olarak döner. Kaliteli çeviri yapmaya devam edebilmek için, yine kendi işinizde düzeltme ve düzenlemeler yapmaya zaman ayırmak, yine son okuma yapmak ve genellikle bu işler için belirli bir zaman ayırmak durumundasınız. Dahası, yüklü bir çeviri projesinde beklenmedik bir anda başka sorunlar da ortaya çıkar: yüzbinlerce kelime çevirinin sürekli olarak insicamlı bir ilişki içinde tutulması büyük bir çaba gerektirir ve verimliliğinizde meydana gelebilecek iyileşmeleri ortadan kaldırabilir.

İkinci olarak, müşteriler kendilerinin çekici etkiye sahip bir kurum olduklarını düşünerek yüklü projelerde indirim isteyebilirler, ancak tüm dikkatimi alacak bir işi üstlenmenin birçok riski vardır: uzun bir süre işlerini yapamayacak olmamdan dolayı düzenli ve değerli müşterilerimi kaybetmek gibi gerçek bir tehlike olmasının yanında, yeni müşteriler bulmaya da zamanım olmaz. Yüklü bir çeviri projesinin sonunda, kendimi iş olmamasından dolayı çok hareketsiz bulabilecek olmak gibi gerçek bir tehlike daha vardır.

Ayrıca, günübirlik çalışma perspektifinden değerlendirildiğinde, bu tarz uzun-süreli bir çalışma monotonluğu da beraberinde getireceği için benim için en tatminkâr çalışma yöntemi olmayacaktır. Yaptığım işin en sevdiğim yanları çeşitliliği, çok farklı alanlardan müşterilerle konuşabilme imkânı, birbirinden farklı belgelerle boğuşma ve sürekli hareket halinde olma durumu. Geçen sene büyükçe bir proje (normal fiyatlarımla 190.000 kelimelik bir proje) üzerinde çalıştım ve zahmetinden keyif aldım ancak bunun başlıca sebebi iş teslim sürelerinin oldukça esnek olmasıydı, ki bu da bana iş yükümü organize edebilme fırsatı verdi ve diğer müşterilerim için de çalışmaya devam edebildim.

Özetlemek gerekirse, çokalım indirimleri benim için pek uygun değil. Faydaları çok belirgin (gün gibi ortada) olmadıkça, daha ucuza çalışmanın bir anlamı yok; ayrıca uzun-süreli bir projenin sağladığı güvence, yanıltıcı olmasının yanında, beni daha düşük ücretlerle çalışmaya ikna etmeye yetmiyor. Bunun yerine, bir yandan kendi şartlarımla müşteri listemi genişletirken bir yenden de düzenli müşterilerimle ilgilenmeyi tercih ederim. Bana göre bu uzun vadede daha iyi bir stratejidir.

Kaynak: http://nakedtranslations.com/en/blog.php

Sınır Tanımayan Çevirmenler

www.translatorswithoutborders.org

Eurotexte 1993 yılında insani yardım amaçlı örgütlere ücretsiz çevirmen sağlamak için kar amacı gütmeyen bir topluluk olan Sınır Tanımayan Çevirmenleri kurdu. Bugün bu ücretsiz hizmet Sınır Tanımayan Doktorlar, 1999 Nobel Barış Ödülü sahipleri ve AIDS Örgütüne destek olmakta ve bu kuruluşlar da elde ettikleri fonları insani yardım amaçlı faaliyetlerde kullanabilmektedir. Birçok Eurotexte çevirmen ve personeli karşılık beklemeden bu önemli çeviri işlerine zaman ayırmakta ve böylece insani yardım amaçlı STK'lara ücretsiz çeviri hizmeti sağlayabilmektedir.

ACİL: GÖNÜLLÜ ÇEVİRMENLERE VE EDİTÖRLERE İHTİYAÇ VARDIR!

Çevirmenlik becerilerinizi nasıl faydalı bir yardıma dönüştürebileceğin izi düşünüyorsanız, belki de Sınır Tanımayan Çevirmenler için gönüllü çalışabilirsiniz. Sınır Tanımayan Çevirmenler Örgütünün, Sınır Tanımayan Doktorlar, Uluslararası Aids Örgütü ve Engelliler Derneği gibi insani kuruluşların kısa dokümanlarını ücretsiz olarak çevirecek acil Fransızca-İngilizce ve İngilizce-Fransızca çevirmen ve editör ihtiyacı olabilmektedir. Ayrıca acil tıp çevirmeni ihtiyacı da doğabilmektedir.

Kendinizi bir anda Afganistan veya Çeçenistan'dan gelen bir tanık tutanağını çevirirken veya anneden bebeğe HIV virüsü bulaşma vakalarının önlenmesiyle ilgili yeni bir araştırmayı çevirirken bulabilirsiniz. (Konu oldukça zor olsa da yapılan iş daima anlamlıdır). Belgeler genelde bir ila on sayfa arasında değişir (ancak eğitim kurumları bazen grup projeleri gibi uzun belgeler de alabilmektedir). Yılda birkaç sayfanın bile olumlu sonuçları olacaktır! Sınır Tanımayan Çevirmenler gönüllüsü Karen Tucker'a göre:

"Çok sayıda insanın bilmediği bazı önemli konularda söz söylüyorsunuz ve böylece olağanüstü öneme sahip kuruluşlara çok küçük de olsa bir katkıda bulunabildiğinizi hissediyorsunuz".

"Bu işi yapmayı seviyorum çünkü ilginç buluyorum. Yaptıkları şeye inanıyorum ve bir şekilde gönüllü yardımda bulunabildiğim için kendimi iyi hissediyorum. Ayrıca belli bir jargon gerektirmeyen standart bir dilin yeterli olabileceği bir iş. Çok doğal bir dille yazıyorlar, bu yüzden iş dünyasıyla ilgili birçok metnin çevirisinden çok daha kolay yapılabiliyor".

"Yaptığım en ilginç iş görgü tanıklığı yapmak zorunda kalmamdı. Dağlardan geçerek Çeçenistan'dan Gürcistan'a kaçan ailelerin oldukça üzücü raporuydu. Nefes kesiciydi. Tıpkı bir roman okur gibi koltuğuma kitlendim ve hüzne boğuldum. Raporda ailelerin dağları nasıl aştıkları ayrıntılarıyla anlatılıyordu".

Gönüllü zaman ayıran çevirmenlerin üstesinden gelebildiği bazı önemli konular:
Sudan'da gıda güvenliği ve silahlı çatışma
Anneden bebeğe HIV virüsü bulaşması
Güney Peru'da felaket yardım çalışmaları
Burundi'de uyku hastalığı
Ukrayna'da tüberküloz
Liberya'daki mülteciler
Çeçenistan'da işkence
Ermeni sokak çocukları

Gönüllü çevirmenlikle dünyaya açılabilirsiniz!

Günlüklerden

www.nakedtranslations.com

İngilizce–Fransızca tercümanı **Céline Graciet**'in günlüğü... Dolu dolu hazırlanmış bir günlük, daha doğrusu bilgi havuzu. Derlenip toplansa çeviri ile ilgili 10 kitap çıkar! Bu günlüğü gördükten sonra tercümanlara tavsiyemiz: LÜTFEN GÜNLÜK TUTUN.

Kim bilir belki bir sene sonra bir kitap yapmaya karar verirsiniz günlükte yazdıklarınızı. Gerçi Céline günlüğünde işlemediği konuyu bırakmamış ama belki siz de bir iki bakir konu bulur işlersiniz kendi günlüğünüzde. Her kategoriyi (*Kültür, Konuklar, Deyimler, Interpreting, Eğlenceli bir iş, Sevdiğim ürünler, Technical corner, Sözcükler*) gezin, her linke tıklayın. Linkler sayfasına da gidin. Başka tercümanlarca hazırlanmış birçok günlüğün adresini bulacaksınız. Kesinlikle kaçırmayın. İşte günlükten birkaç paragrafın çevirisi:

Dil ve Propaganda

Küba'da beni büyüleyen sayısız şeyden biri de dilin siyasi amaçlar için kullanılışıydı. Gittiğiniz her yer sizi her biri devrimin ihtişamını yansıtan siyasi mesajlar üzerinde düşünmeye zorluyor. Yol kenarlarındaki dev panolar, ağaçlara asılmış küçük ev yapımı pankartlar, şehir merkezindeki grafitiler (gördüğüm tek grafiti çeşidi) siyasi propagandadan kaçmak neredeyse olanaksız. Ulusal gazete Granma'nın çeşitli dillere çevrilmesi de hükümetin propaganda donanımında dilin önemini daha da belirgin hale getiriyor (Fransızca, Ingilizce, Ispanyolca, Italyanca, Portekizce, Türkçe ve Almanca. Bunun amacı uluslararası arenada daha idealize edilmiş ve hükümeti kesinlikle eleştirmeyen bir Küba yaratmak gibi görünüyor. Kübaca tek gazete ve daha da ilginci Kübalılar için olan basımının ön sayfasında "Órgano Oficial del Comité Central del Partido Comunista de Cuba", "Tercüme etmeye gerek yok. Özellikle 'Fidel'in 15 Özelliği' başlıklı dört sayfalık makaleyi çok beğendim!" yazması oldukça şaşırtıcıdır!

Birkaç satır da başka bir sayfasından:

İngilizce'de en çok kullanılan sözcük: "zaman"

"Bu listeyi hazırlarken beni şaşkına çeviren şey en çok kullanılan 100 sözcükten 90'ının tek heceli olması ve büyük bir bölümünün de eski Ingilizce'den gelmesi yani basit cümlelerde sürekli kullandığımız basit sözcüklerin çoğunun Normandiya Çıkartmasından öncesine ait olduğunu fark etmem oldu" diyor proje müdürü. "Daima yeni sözcüklere, değişmekte olan dile ve diğer ülkelerden gelen sözcüklere odaklanıyoruz ancak aslında kullandığımız basit dil yüzyıllar öncesinin dili ile aynı."

www.pbtranslations.wordpress.com
Bu günlük de Hollandaca- İngilizce dil çifti arasında çeviri yapan Percy Balemans'a ait... Sitedeki kategoriler: articles, bad translations, books, dutch, english, humour, internet, interpreting, languages, links, literature, quotes, reference, subtitling, tools, translation, words...

İşte günlükten TM alım satımı ile ilgili bir paragraf çeviri:

The Translation Memory Brokers
(Çeviri Belleği Simsarları)

TM Marketplace, çeviri belleği simsarı olarak hizmet veren bir web sitesidir. Çeviri belleklerinin (TM) sahipleri TM'i diğer insanların da kullanımına açabilir ve TM'i kullanan herkesten bir lisans ücreti alabilir. Bu sistemin avantajı TM sahiplerinin, başka şirket ve kişiler mevcut TMlere girip kendi TMlerini oluşturmak için gereken zaman ve paradan tasarruf ederken, çeviri varlıklarına yaptıkları yatırımdan anında kazanç sağlamalarıdır.

Transkripsiyon Yaparak İşinizi Çeşitlendirin

Transkripsiyon, kısaca sözün yazıya dökülmesi işlemidir. Şu anda Türkiye ve dünyanın birçok yerinde onbinlerce konferans, toplantı, seminer vb. yapılıyor ve bunların tümünün sürekli olarak yazıya dökülmesi gerekiyor. Özellikle Amerika'da hayal edemeyeceğiniz kadar iş potansiyeli olan bir sektördür. Türkiye'de de konferans sektörünün gelişmesiyle iş hacmi hızla artmaktadır. Tıp sektörü ve basın-yayın kuruluşları da transkripsiyon hizmetlerine sıkça ihtiyaç duymaktadır.

Transkripsiyon (**transcription**) kelimesi Türkçe'ye farklı şekillerde çevrilmekle ve bazen deşifraj da denmekle beraber, **transkripsiyon** demek uygundur diye düşünüyorum. Böyle olunca, bu işi yapanlara (**transcriptionist**) da **transkripsiyonist** demek uygun olacaktır. Bu şekilde kelime kargaşasının da önüne geçilmiş olur. Bu işi yaparak yılda ortalama 10-20 .000 dolar düzeyinde bir gelir elde etmek mümkün görünüyor. Amerika'da 30-40.000 kazanılıyormuş. Bu düzeye çıkabilmek için yapmanız gereken transkripsiyon **uzmanlık** alanınızı belirleyip o alanda bir süre eğitim ve sonrasında bir **sertifika** almak. **Deneyim** konusu da size iş verecek kişilerin baktıkları temel konulardan biri. İşin püf noktası kelime atlamamak ve telaffuzu zor ve yerel bazı kelime ve ifadeleri yakalayabilmektir.

Bir rakam vereyim size. Amerika'da sadece tıp sektöründe yıllık dönen rakam **10 ila 25 milyar dolar** arasında! **Milyon dolar demiyorum** dikkat ederseniz.. **milyar dolar!** Sebebi şu: Amerika'da doktorlar hastalarını muayene ettikten sonra o hasta ile ilgili hikâye, tanı, tedavi ve benzeri tüm detayları cep telefonlarına veya kayıt cihazlarına kaydediyorlar ve bu kayıtlar otomatik olarak hastanenin sunucusunda tutuluyor. Bir transkripsiyonist bu tıbbi raporları yazıya dökerek resmileştiriyor.

Bu şekilde bu raporlar artık resmi evrak statüsü kazanıyor. Hastanelerin bir kısmında sadece bu işi yapanlar var ancak sektör o kadar büyük ki, yığınla iş var yapılacak!

Bu işi yapmak için **Transcriber** adlı yazılımı kullanabileceğiniz gibi, piyasada mevcut yüzlerce yazılımdan birini de kullanabilirsiniz.

Transkripsiyon konusu ilginizi çektiyse ve gerekli deneyime de sahipseniz, aşağıdaki adreslerde bulacağınız işlere başvurabilirsiniz:

<u>MTJobs</u> – Medikal transkripsiyonlar alabileceğiniz bir adres.

<u>MorningSide</u> – Finans sektöründe transkripsiyonist arıyorlar.

<u>Virtual Assistant Needed</u> – Her türlü alanda sanal asistanlar arıyorlar.

<u>Production Transcripts</u> – Çok yetkin ve deneyimli transripsiyonistler arıyorlar. Sadece dijital dosya çevirisi yapanlar..

<u>CyberDictate</u> – Hukuki metin transkripsiyonu yapanları arıyorlar.

<u>TigerFish</u> – Sadece email ile başvuru kabul ediyor.

<u>American High Tech Transcription</u> – Dört dörtlük İngilizce ve Amerikan vatandaşlığı şartları arıyor.

<u>Task Transcription Services</u> – Sadece hukuki metin transkripsiyonları yapıyorlar.

<u>Mass Transcription</u> – Deneyimli transripsiyonist ve düzeltmen arıyorlar.

<u>Talk2Type</u> – 75+kelime/dk şartı var.

<u>Whydowork</u> – Burada da iş ilanları bulabilirsiniz.

Unutmayın, sektörde kalıcı olmak istiyorsanız her müşteriniz sizden memnun ayrılmalı! Bir süre para için değil müşteri için çalışın.

İki Dilli Edebi Çeviri Atölyeleri

TAÇAT (TÜRKÇE-ALMANCA, ALMANCA-TÜRKÇE ÇEVİRİ ATÖLYESİ)
TÜFÇAT (TÜRKÇE-FRANSIZCA, FRANSIZCA-TÜRKÇE ÇEVİRİ ATÖLYESİ)
TÜÇÇAT (TÜRKÇE-ÇİNCE, ÇİNCE-TÜRKÇE ÇEVİRİ ATÖLYESİ)
TİSÇAT (TÜRKÇE-İSPANYOLCA, İSPANYOLCA-TÜRKÇE ÇEVİRİ ATÖLYESİ)
TÜRUSÇAT (TÜRKÇE-RUSÇA, RUSÇA-TÜRKÇE ÇEVİRİ ATÖLYESİ)
TÜRAPÇAT (TÜRKÇE-ARAPÇA, ARAPÇA-TÜRKÇE ÇEVİRİ ATÖLYESİ)

KASIM 2012

T.C. Kültür ve Turizm Bakanlığı, Kütüphaneler ve Yayımlar Genel Müdürlüğü ve uluslararası çeviri kurumları işbirliğinde profesyonel çevirmenler için iki dilli çeviri atölyeleri düzenlemektedir. Her dil için, Türkçeden hedef dile, hedef dilden Türkçeye çeviri yapan çevirmenlerin katılacağı atölye çalışmaları boyunca çevirmenlerin üzerinde çalıştıkları metinlerin tüm katılımcılar tarafından derinlemesine tartışılması hedeflenmektedir. Atölye, Uluslararası İstanbul Kitap Fuarı ile eşzamanlı olarak 15-25 Kasım 2012 İstanbul-Büyükada'da düzenlenecektir. 10 gün sürecek Çeviri Atölyelerine katılacak çevirmenlerin ulaşım, konaklama ve ağırlamaları sağlanacaktır.

BAŞVURU KOŞULLARI:

Kimler Başvurabilir: En az bir çeviri yapıtı yayınlanmış olan edebiyat, araştırma, deneme ve şiir çevirmenleri başvurabilecektir.

Atölye Çalışma Yöntemi: 2012 yılında düzenlenecek çeviri atölyelerinde kısa öykü (3-5 sayfa) üzerinde çalışılacaktır. Atölyelerde çalışılacak kısa öyküler, katılımcılara Mayıs ayı sonunda bildirilecektir.

Katılımcıların Belirlenmesi: Atölyelere katılmaya hak kazananlar, Atölye Yürütme Komitelerinin Mayıs ayında yapacağı toplantıda belirlenecek ve ilgililere duyurulacaktır.

Eksik belgeli başvurular <u>kabul edilmeyecek</u> ve başvurular bütün belgeler teslim alındığı anda <u>geçerlilik kazanacaktır</u>.

Başvuru Belgeleri:

1-Katılımcının özgeçmişi ve yayınlanmış eserlerinin listesi (en fazla bir sayfa)

2-Çevirmenin, yayınlanmış veya hâlihazırda üzerinde çalışmakta olduğu çeviriden 4 sayfa (çift satır aralığı, sol kenarda satır numaralaması, sağ kenarda notlar için yer bırakılmalıdır)

3-Orijinal metin (sol kenarda satır numaralanması)

4-Yazarın ve yapıtın kısa tanıtımı (en fazla bir sayfa)

Belgeler katılımcı tarafından örnek başvuru formu ekinde e-posta yoluyla aşağıdaki adrese gönderilecektir:

workshopsteda@kulturturizm.gov.tr

Ayrıntılı Bilgi: Fatih Özdemir
Tel: (312) 309 9050 (4097-4089)
<u>www.tedaproject.com</u>

Kısayollardan Yararlanın

Dün 3 saate yaptığınız işi yarın 2.5 saate ve daha kaliteli yapmanın yollarını arayın. Her gün aynı yolu kullanmayın. Birkaç yol deneyin ve zamandan kazanmak için en kısa yolu tercih edin.

Vakit nakittir, derler eskiler. Mesleklerinde uzman çevirmenler bunun ne demek olduğunu iyi bilirler. Amerika nasıl ilerledi? diye sorsalar bana, Kısayollar kullanarak diye cevaplardım ben. Hep bir arayış içindeler. Örneğin, 1-2 gün alan çamaşır yıkama işini nasıl yarım saatte yapabiliriz? sorusunu sordular kendilerine ve bunun cevabını bir çamaşır makinesinde buldular. Bir yerden bir yere daha kısa sürede nasıl gideriz? sorusunun cevabını araba üreterek verdiler ve cevaplarını her gün daha da geliştiriyorlar!

Tercümanlar, çevirmenler, tercüme büroları da kendilerine şu soruları sormalılar:
•Çevirilerimizi nasıl daha kaliteli yapabiliriz?
•Çevirilerimizi nasıl daha hızlı yapabiliriz?
•Hatalarımızı nasıl en aza indirebiliriz?
•Dün 3 saatte yaptığımız herhangi bir işi bugün 2 saatte nasıl yaparız?

Bu sorular çoğaltılabilir, ancak konunun özü şu: Ne yaparsak yapalım, daha kısa sürede nasıl yapabiliriz ve böylelikle kendimize nasıl daha fazla zaman ayırabiliriz? bunun hesabını yapmalıyız.

Office programlarını kullanırken, kısayollardan yararlanın. Müşterilerinize teklif geçecekseniz, şablonlardan yararlanın. İş süreçlerini kısayollarla kolaylaştırıp hızlandırarak kendinize, büronuza, tercümanlarınıza ve müşterilerinize daha çok zaman ayırabilirsiniz. Kısayol kelimesi her tercümanın ve tercüme bürosunun anahtar kelimelerinden biri haline gelmelidir!

Futbolda Ofsayt, Yazıda Noktalı Virgül

Dünya Kupasının oynandığı bu günlerde ofsayt konusuna girmemiz iyi oldu. Çok kişi ofsaytın ne olduğunu, tam olarak hangi durumlarda ofsayt olduğunu bilmez, anlamaz veya öğrenemez. Akşam televizyonlarda birçok yorumcu bir pozisyonun ofsayt olup olmadığını enine boyuna tartışır. Mahalle ve halısaha maçlarında ofsaytın olmaması maçları daha zevkli hale getirse de, aslında ofsaytın da bir amacı vardır. İyi hatırlarım, ofsaytın olmadığı mahalle maçlarında takımın bazı oyuncuları ileri uçta top gelmesini bekleyip gelince dokunur ve golü atardı. Top orta sahada değil kale önlerinde oynanırdı! Eee tabi bu da futbolun kısır döngü içine girmesine neden olur, skor tabelasının şişirmekten başka bir işe yaramazdı. Bu kural, profesyonellerin iyi bildiği ancak sıradan insanların ya bilmedikleri, ya bilir gibi yaptıkları ya da hiç öğrenememe durumuyla karşı karşıya oldukları enteresan bir olgudur.

Tıpkı ofsayt gibi, çeviri ve edebiyat etki alanında olanların da sıkça karşılaştıkları bir durum noktalı virgülün nereye konacağı konusudur. İlgi alanı çeviri olmayan, yazıyla çiziyle arası pek olmayan insanlar için noktalı virgül de tıpkı ofsayt gibi içinden çıkılmaz ya da çıkılması zor bir konudur. Edebiyatçılar ve çevirmenler noktalı virgülü doğru yerde kullansalar ya da kullanmala gayret etseler de, öğrencilerin ve sıradan insanların noktalı virgülün tam olarak nereye konacağını çok iyi bilmeleri beklenemez. En iyi öğretmen pratiktir, dolayısıyla da sürekli yazı yazanlar noktalama işaretlerini en iyi bilenler veya bilmesi gerekenlerdir. Çevirmenler arasında da noktalı virgülü yanlış kullananlar görülebiliyor.

Ofsayt kuralı gibi, noktalı virgülü de öğrenmek kafa karıştırıcı ve zahmetli bir iş olabilir; fakat ipin ucundan bir tutarsanız gerisi gelecektir. Birkaç örnekle bu durumu anlatmaya çalışalım:

1. Öğeleri arasında virgül bulunan sıralı cümleleri ayırmak için kullanılır:

♦ Baba, duydukları karşısında ne yapacağını bilemedi; yutkundu, bir şey söyleyemedi.

2. Aralarında "ama, fakat..." gibi bağlaçlar bulunan bağlı cümlelerde bu bağlaçtan önce veya bu bağlaçların yerine kullanılır:

♦ Dokunma kalbime; çok incedir, kırılır.

♦ Çok iyi anlattı; ama dinleyen olmadı.

3. Öznenin diğer Öğelerle karışmasını önlemek için kullanılır:

♦ Edebiyat; duygu, düşünce ve hayallerin güzel ve etkili anlatılması sanatıdır.

♦ Zeki; çalışkan, gururlu bir çocuktur.

4. Her biri kendi içinde bağımsız olan sıralı cümlelerde kullanılır:

♦ Kel ölür, sırma saçlı olur; kör ölür, badem gözlü olur.

♦ At ölür, meydan kalır; yiğit ölür, şan kalır.

5. Cümle içinde virgülle ayrılmış tür ve söz öbeklerini ayırmada kullanılır.

♦ Erkek öğrencilere siyah tişört, sarı şort; kız öğrencilere pembe tişört, siyah şort verildi.

Dünyanın En Büyük 25 Çeviri ve Lokalizasyon Şirketi

No	Şirket	Ciro M$	Çalışan Sayısı	Ofis Sayısı	K/Ö
1	L-3 Communications Linguist Op. and Technical Support Division	753	8,127	8	Kamu
2	Lionbridge Technologies	452	4,600	45	Kamu
3	SDL International	235	1,751	39	Kamu
4	Language Line Holdings	183	2,378	7	Özel
5	STAR Group	161	900	42	Özel
6	TransPerfect/Translations.com	156	780	51	Özel
7	euroscript International	120	1,235	32	Özel
8	SDI Media Group	119	591	25	Özel
9	Xerox Global Services	98	500	9	Kamu
10	RWS Group	90	379	10	Kamu
11	CLS Communication	49	343	14	Özel
12	Logos Group	46	150	17	Özel
13	Semantix	43	150	10	Özel
14	Manpower Business Solutions	38	150	7	Kamu
15	Moravia Worldwide	38	406	12	Özel
16	LCJ EEIJ	38	282	15	Özel
17	Honyaku Centre	36	174	4	Kamu
18	Welocalize	33	295	8	Özel
19	thebigword Group	33	195	7	Özel
20	Skrivanek Group	32	395	53	Özel
21	AAC Global Group	31	289	11	Kamu
22	Hewlett-Packard ACG	23	121	9	Kamu
23	hiSoft Product Eng. Services/ Globalization and Localization BU	22	3,100	15	Özel
24	VistaTEC	21.79	100	5	Özel
25	Amesto Translations Holding	18.75	85	5	Özel

www.ingramcontent.com/pod-product-compliance
Lightning Source LLC
LaVergne TN
LVHW051553080426
835510LV00020B/2960